走进大学
DISCOVER UNIVERSITY

什么是历史学？

WHAT IS HISTORIOGRAPHY?

张耕华　编著

大连理工大学出版社
Dalian University of Technology Press

图书在版编目(CIP)数据

什么是历史学？/ 张耕华编著. -- 大连：大连理工大学出版社，2023.1(2025.2重印)
ISBN 978-7-5685-4016-2

Ⅰ.①什… Ⅱ.①张… Ⅲ.①史学－通俗读物 Ⅳ.①K0-49

中国版本图书馆 CIP 数据核字(2022)第 233994 号

什么是历史学？ SHENME SHI LISHIXUE？

出 版 人：苏克治
策划编辑：苏克治
责任编辑：于建辉　李宏艳
责任校对：王　伟
封面设计：奇景创意

出版发行：大连理工大学出版社
　　　　　（地址：大连市软件园路 80 号，邮编：116023）
电　　话：0411-84707410　0411-84708842（营销中心）
　　　　　0411-84706041（邮购及零售）
邮　　箱：dutp@dutp.cn
网　　址：https://www.dutp.cn

印　　刷：辽宁新华印务有限公司
幅面尺寸：139mm×210mm
印　　张：6.5
字　　数：112 千字
版　　次：2023 年 1 月第 1 版
印　　次：2025 年 2 月第 2 次印刷
书　　号：ISBN 978-7-5685-4016-2
定　　价：39.80 元

本书如有印装质量问题，请与我社营销中心联系更换。

出版者序

高考,一年一季,如期而至,举国关注,牵动万家!这里面有莘莘学子的努力拼搏,万千父母的望子成龙,授业恩师的佳音静候。怎么报考,如何选择大学和专业,是非常重要的事。如愿,学爱结合;或者,带着疑惑,步入大学继续寻找答案。

大学由不同的学科聚合组成,并根据各个学科研究方向的差异,汇聚不同专业的学界英才,具有教书育人、科学研究、服务社会、文化传承等职能。当然,这项探索科学、挑战未知、启迪智慧的事业也期盼无数青年人的加入,吸引着社会各界的关注。

在我国，高中毕业生大都通过高考、双向选择，进入大学的不同专业学习，在校园里开阔眼界，增长知识，提升能力，升华境界。而如何更好地了解大学，认识专业，明晰人生选择，是一个很现实的问题。

为此，我们在社会各界的大力支持下，延请一批由院士领衔、在知名大学工作多年的老师，与我们共同策划、组织编写了"走进大学"丛书。这些老师以科学的角度、专业的眼光、深入浅出的语言，系统化、全景式地阐释和解读了不同学科的学术内涵、专业特点，以及将来的发展方向和社会需求。希望能够以此帮助准备进入大学的同学，让他们满怀信心地再次起航，踏上新的、更高一级的求学之路。同时也为一向关心大学学科建设、关心高教事业发展的读者朋友搭建一个全面涉猎、深入了解的平台。

我们把"走进大学"丛书推荐给大家。

一是即将走进大学，但在专业选择上尚存困惑的高中生朋友。如何选择大学和专业从来都是热门话题，市场上、网络上的各种论述和信息，有些碎片化，有些鸡汤式，难免流于片面，甚至带有功利色彩，真正专业的介绍尚不多见。本丛书的作者来自高校一线,他们给出的专业画像具有权威性,可以更好地为大家服务。

二是已经进入大学学习,但对专业尚未形成系统认知的同学。大学的学习是从基础课开始,逐步转入专业基础课和专业课的。在此过程中,同学对所学专业将逐步加深认识,也可能会伴有一些疑惑甚至苦恼。目前很多大学开设了相关专业的导论课,一般需要一个学期完成,再加上面临的学业规划,例如考研、转专业、辅修某个专业等,都需要对相关专业既有宏观了解又有微观检视。本丛书便于系统地识读专业,有助于针对性更强地规划学习目标。

三是关心大学学科建设、专业发展的读者。他们也许是大学生朋友的亲朋好友,也许是由于某种原因错过心仪大学或者喜爱专业的中老年人。本丛书文风简朴,语言通俗,必将是大家系统了解大学各专业的一个好的选择。

坚持正确的出版导向,多出好的作品,尊重、引导和帮助读者是出版者义不容辞的责任。大连理工大学出版社在做好相关出版服务的基础上,努力拉近高校学者与

读者间的距离,尤其在服务一流大学建设的征程中,我们深刻地认识到,大学出版社一定要组织优秀的作者队伍,用心打造培根铸魂、启智增慧的精品出版物,倾尽心力,服务青年学子,服务社会。

"走进大学"丛书是一次大胆的尝试,也是一个有意义的起点。我们将不断努力,砥砺前行,为美好的明天真挚地付出。希望得到读者朋友的理解和支持。

谢谢大家!

苏克治
2021 年春于大连

前　言

"什么是历史学？"这不是用一两句话就能说得明白的；即便翻阅《辞海》《中国历史大辞典》之类工具书上的词条解释，在纸面上通读几遍，实在也未必真地能明白"历史学"的含义。这无关乎读者的水平，而是因为作为社会科学的一个门类，历史学实在是太复杂了。有人说，现代历史学已发展得如同一个庞大的工业部门。这样的比喻并无不妥，因为历史学也可以视为一种生产活动，只是它生产的不是有形的产品，而是无形的历史知识。所以，"什么是历史学"也可以从"历史知识是怎么产生的"这一角度来回答。

历史知识是怎么产生的？要回答这个问题，最佳的

方式不是给出定义，而是"设身处地"对历史学做一次"深度游"。在这里，编写者如同导游，阅读者如同游客，导游陪伴着大家做一次观览式的旅游。通常，要了解一个对象，先要对对象的基本状况有一个大致的了解。这就是本书的第一章"史学概览"的任务，它包括历史学的历史、历史学的属性、历史研究者与研究的对象，以及历史学的学科体系等内容，编写的目的是在纵向、横向、性质、结构等方面介绍历史学科的大致状况和基本特征。任何一种生产活动，都离不开原料，所谓"巧妇难为无米之炊"，历史知识的产生更是如此。历史学的原料，史学家称之为史料。所以，本书的第二章就是"史料详说"。史料之所以要"详说"，是因为历史学的史料复杂而繁多，且真伪相杂、鱼目混珠，研究者在利用它们之前，势必要对它们的状况及其属性做一番深入的辨析与评估。没有史料，固然生产不出产品；使用了错误的史料，生产出来的就是废品。这种全面而详细的解说，目的是为接下来的研究工作做好准备。就某一个史学家来说，他所从事的往往只是研究活动中的某一个环节，但要把史料变成各种知识产品，总需要一个过程，总需要经过一道道环节和程序。本书的第三章"史家工作"，便是带领读者对历史研究的过程做一次近距离的考察。历史学的任何一项研究，都是由问题引发的,而实际的操作则是以史料搜集为开端,经过史料的鉴别、史事的考证、历史因果关系的辨析和历史意义的评说等,我们还可以同步欣赏到各个环节所产生的"考史"、"叙史"和"评史"等不同的知识产品,聆听前辈史学家的各种经验之谈。古人说:"工欲善其事,必先利其器。"按本书的主题,这个"事",就是历史研究或历史知识;这个"器",就是研究历史或生产历史知识所必需的方法。只是它们不是像锤子、凿子那样的有形工具,而是无形的思维方法。所以,本书专设一章叙述"史学方法"。历史学的方法非常多,可谓"十八般兵器",件件不可或缺。但最具学科特色且经常使用的方法,则有想象推理、移情理解、归纳与演绎、历史比较、历史假设等。这些历史学的方法,我们对其并不陌生,我们在日常生活中经常学习和使用,只是进入历史研究的领域,这些方法的使用须更加严谨,须遵循一定的学科规范和原则。这样的一次"深度游",当然还不能穷尽"什么是历史学"的方方面面,但至少明白了"历史知识是怎么产生的";明白了这一点,也就在一定程度上明白了历史该怎么学。本书的最后一章是"学史须知",目的是帮助读者梳理一下历史学习上的"应知应会",这些与众不同的"应知应会",体现了历史学习的特殊性。学习了这一章,

或许能少走弯路,能获得事半功倍的学习效果。

最后要说明的是,本书编写所用的素材,都来自史学研究和历史教学的实践案例,页下都注明了它们的来源。书中针对的部分问题及其编者设定的论述深度,则参考了《普通高中历史课程标准(2017年版2020年修订)》,这样处理的目的,是想为中学历史教学和中学生的历史学习提供参考。至于书中的不足或错误之处,还请读者不吝赐教。

编著者

2022 年 10 月 10 日

目　录

史学概览 / 1
　历史与历史学 / 1
　史学的演变 / 6
　史学的属性 / 14
　史学的主体 / 20
　史学的对象 / 25
　分支与门类 / 31
　流派与思潮 / 37

史料详说 / 43
　什么是史料？ / 43

史料的分类 / 47
　　"诗"可入史 / 53
　　一切都是史料 / 57
　　什么是一手史料？ / 62
　　原始史料可靠吗？ / 67
　　史料的意图 / 72

史家工作 / 78
　　史料的搜集 / 78
　　训诂、校勘与辨伪 / 84
　　从史料中读出史事 / 88
　　史事的考证 / 93
　　求史实与求情状 / 98
　　历史的因果 / 103
　　史义的评说 / 109

史学方法 / 115
　　想象推理 / 115
　　移情理解 / 120
　　历史归纳 / 126
　　演绎解释 / 131
　　历史比较 / 137
　　历史假设 / 142

时空移位 / 147

学史须知 / 155
　淘汰与更新 / 155
　质疑与复核 / 160
　打通古今，合同而化 / 165
　读史不受史书"欺" / 170
　不可滥用历史 / 175

后　记 / 181

"走进大学"丛书书目 / 187

史学概览

> 史者何？记述人类社会赓续活动之体相，校其总成绩，求得其因果关系，以为现代一般人活动之资鉴者也。
>
> ——梁启超

▶▶历史与历史学

历史一词，有两种含义：一是指过去的事。但凡过去之事，我们都可以称之为历史。二是指对过去之事的记忆或回忆。当人们把记忆或回忆提升到一种专业的、学术性的研究，那就是历史学了。因此，历史一词，也可以专指研究历史的学科。为了有所区分，我们通常把前者称之为"历史"或"历史事实"，把后者称之为"史学"或"历史认识"。

世界上的一切事物都有它的历史。万事万物的生成、发展、消逝、轮回,一切都在时间的长河中进行着无限的发展和演变,呈现为一种延续不断的过程。把这一切都视为我们的研究对象,那就是马克思、恩格斯曾在《德意志意识形态》中所说的:

我们仅仅知道一门唯一的科学,即历史科学。历史可以从两方面来考察,可以把它划分为自然史和人类史。[①]

这种把自然史和人类史统称为历史,把关于自然史、人类史的各种研究统称为历史学,是历史、历史学的最广义的用法和含义。

自然史是自然界各种事物的发生、发展的历史,如今有许多专门的学科都在从事这方面的研究。比如,天文学中有一个分支学科,专门研究天体的生成和演变的历史;地理学中有一个分支学科,专门研究地球的形成、演化的历史;等等。人类作为一种生物,也有其自然史,即人类的产生与人类的体质特征的演变史。关于人类自然史的研究,也已经发展出一门独立的学科,那就是古人类

---

① 马克思、恩格斯:《马克思恩格斯全集》第3卷,人民出版社,1960,第20页。

学。当然,通常所说的人类历史,不是指人类的自然史,而是指人类的社会史。

虽然人类的自然史比之于人类的社会史,时间上要早许多;虽然历史学也要涉及人类的自然史,涉及人类的起源及其体质演变,但这都不是历史学的主要内容。通常意义上的历史,如果以新石器时代为起点,只有一万年左右;如果以国家、文明的产生为开端,那只有五六千年的历史。

有了人类,就有了人类的社会及其历史,也就有了人对其自身社会及其历史的回忆和认识。从思维的特性来看,历史思维是人的一种自我意识,它的产生意味着人们开始过上了比较有意识、有目的的生活。人们对历史的回忆和对过往经验的总结,由实际生活出发,变为一种有意识的要求并引发出相应的行动。这样,广义的历史学就产生了。

史学起源于记事。在文字产生之前,人们的记事只能靠大脑的记忆来维持。记忆好像是一个历史的储存器[1],当我们有需要的时候,就可以从这个储存器中找出

---

[1] 斯特凡·约尔丹:《历史科学基本概念辞典》,孟钟捷译,北京大学出版社,2012,第75页。

来,这就是回忆,它如同空气一样,须臾不可或缺。这样的记事和回忆,虽然每时每刻我们都在使用,然而,它总是与遗忘相随。正如有学者所说:记忆与遗忘,相生相伴,"没有遗忘,就没有记忆"①。于是,为了避免遗忘,人们就有必要使用一些帮助回忆的方法或手段,来保存一些他们认为重要的记忆。结绳记事就是在文字产生之前,常用的一种简便的记事方法。

古书上说:"(上古)民结绳而用之"②;"事大,大结其绳;事小,小结其绳"③。又说"造书契以代结绳之政"。民族学的资料显示,结绳或刻木记事的方式在许多无文字的民族里颇为流行。据清代《噶玛兰厅志·风俗志》记载,当时台湾宜兰和日月潭地区的高山族人还用结绳来记事,他们与外人进行货物交换,就以结绳来计数;相互交往,也以结绳来记约,如相约十日,便结十个绳结,一日解一结,到解最后一结即去赴约④。宋代周去非《岭外代

---

① 斯特凡·约尔丹:《历史科学基本概念辞典》,孟钟捷译,北京大学出版社,2012,第58页。
② 王先谦撰,沈啸寰点校《庄子集解·胠箧》,中华书局,1987年版,第88页。
③ 王弼、韩康伯注,孔颖达疏,于天宝点校《宋本周易注疏》,中华书局,2018,第444页。
④ 叶大兵、乌丙安主编《中国风俗辞典》,上海辞书出版社,1990,第591页。

答》中记载有当时静江(今桂林)地区的瑶族,以刻木来记事,如遇借贷,以二板合而刻之,然后各执其一,作为契约;赴官府告状,亦用木契,在木板的左上刻一大痕表示原告人,左下刻一大痕表示被告人,右上刻一大痕表示官府,以火烧为痕表示要求火速施行等[①]。

在人类早期的历史上,结绳刻木的记事方法被普遍使用了很久,但它实在太简陋了。因此,狭义的历史学,是在文字、历法产生之后才逐渐形成的。距今三千余年,中国历史上的殷人已开始使用文字(甲骨文)来记事[②]。公元前八四一年(西周共和元年),是中国历史上有明确纪年的开始。从此之后,年经事纬的史事记载逐渐产生,且连绵而不断。至春秋时期,各个诸侯国都已经设专人来记载编年式的"国史"。如鲁国的《春秋》,逐年记载了二百四十二年的史事,所记之事,包含人物、地点、时间和事件四个要素;记事虽简略,却寓意褒贬,表明记事者已有明确的历史意识和记事目的。稍后的《左传》,取材广阔,叙事详尽,体例规范,被称为中国史学史上第一部完整的编年体史书。

[①] 陈永龄主编《民族词典》,上海辞书出版社,1987,第120页。
[②] 现今我们所见到的甲骨文,都是商晚期的殷人在龟骨或兽骨上的占卜记事,所以以文字来记事的确切年代始于商晚期。

在西方的早期历史阶段,由于还没有发明文字,史事的记忆和传承靠的是祭神巫祝和行吟歌手,正是通过他们世代的口耳相传,为后世保存了先民最初的生活、生产活动的记忆。等到文字产生之后,这些广为流传的历史记忆,才书写在莎草纸或羊皮纸上。因此,司职历史的克丽奥女神手持一卷莎草纸(或说是羊皮纸),成为西方史学诞生的固定性标志[①]。

▶▶史学的演变

与结绳刻木相比,文字和历法的使用,无疑是记事方法上的一大革命;史学的产生,不仅在于方法,还缘于史学理念上的变化。由此,方法与观念的变化,就可以成为考察史学发展和演变的一个视角。

美国学者托马斯·库恩用一种"范型"理论来解释科学的发展和演变。他认为,在科学发展的某一时段里,科学家们有其普遍认可、接受和遵循的治学方法和理念,这可以称为科学研究的"范型"。科学研究的"范型"是会变化的。一部科学史,就是"范型"不断演变和更新的历史。

---

① 张广智:《克丽奥之路——历史长河中的西方史学》,复旦大学出版社,1989,前言第 1 页。

历史学的历史，也可以视为历史研究"范型"的演变史。在某个历史阶段里，史学家的治史也有一定的"范型"，它表现为史学家在研究的目的、使用的方法、理论观念等方面有着一定程度上的共性；到了另一个历史阶段，这个治史的"范型"会发生变化，"范型"内的某些要素传承下来了，某些要素替代更新了。一部史学史，也可以看作"范型"的传承和更新的历史。

中国史学源远流长，两千多年来，虽有王朝的盛衰更替，但史书的编撰却从未中断。如以司马迁的《史记》为开端，一直到十九世纪末，可称为中国史学史上的传统"范型"时期。传统史学最重视历史的借鉴作用，所谓"殷鉴不远""鉴前世之兴衰，考当今之得失""专取关国家盛衰，系生民休戚，善可为法，恶可为戒者"等，都体现了那个时代史学家的治史目的和对史学功用的基本看法。受时代的局限，传统史学家常以天命史观、英雄史观或循环史观来解释王朝的治乱兴亡或社会的盛衰演变。传统史学很讲究史书编撰的体例和叙史的方法，在长期的编撰实践中，形成了以编年、纪传、纪事本末为主，辅以典志、纲目、学案、史评等体例特色。在传统史学中，有"为生民立言"的史学家，也有从经济生活出发来解读史事因果的史学家，更多的史学家在文献的整理

上,如校勘、训诂、考证、辑佚、补志等方面做出了重要的贡献;也有求真、求实的研究方法和治学精神。这些丰富的史学遗产,值得后代的史学家继承发扬。

无独有偶,在西方史学史上,古典时代的史学(通常是指公元前五世纪至公元前一世纪的古代希腊、罗马的史学)也强调史学的垂训功能。古希腊史学家修昔底德就从雅典国家的成败兴亡中总结出历史教训,用以垂训后世。古罗马史学家提图斯·李维也认为,史学的功能就是引出教训、提供借鉴。古典时代的史学家,常以神意的朕兆来解释城邦的兴衰起灭。他们相信,是"天意"决定着史事的发生、发展和演变。"史学之父"希罗多德曾在他的史著中写道:"当城邦或是民族将要遭到巨大灾祸的时候,上天总是会垂示某种朕兆。"[1]他的书中记载了许多这样的朕兆,用来解释历史演变的动因。虽然如此,古典史学仍"是人类历史的叙述,是人的事迹,人的目的,人的成功与失败的历史"[2]。人文精神仍是古典史学的主旋律:"历史上无论发生了什么事情,都是作为人类意志的直接结果而发生的,并且有某个人是要对它直接负责

---

[1] 希罗多德:《历史》,王以铸译,商务印书馆,1959,第578页。
[2] 马克思、恩格斯:《马克思恩格斯全集》第30卷,人民出版社,1974,第159页。

的,要看它是好事还是坏事而对它加以赞扬或谴责。"①古典史学家通常都写自己所生活的时代,记载自己亲历或所闻所见的事情,当代的政治、军事是他们著述的主要内容②。这是西方史学史上第一个史学"范型"③。

到公元五世纪,欧洲历史进入了"中世纪"时代,带有浓厚神学色彩的基督教史学逐渐成为了史学的主流。在神学观念的支配下,"神"的历史取代了"人"的历史,历史进程被视为上帝目的的实践,"上帝创造了人,只不过是为了假手人生来实现他自己的目的而已"④。不过,基督教史学的著述也包含有历史的普遍主义、历史的进步性、历史发展的连续性等观念;他们创用的纪年法(公元纪年法),也为后来的史学家所沿用。

十四世纪至十六世纪西欧的文艺复兴,给西方史学

---

①柯林武德:《历史的观念》,何兆武、张文杰译,中国社会科学出版社,1986,第47页。

②陈勇、罗通秀:《西方史学思想导论》,武汉大学出版社,1995,第14页。

③有学者认为,以修昔底德为代表的史学模式,十九世纪兰克的史学模式和法国年鉴学派的研究模式,是西方史学史上的三大模式。参见张广智:《克丽奥之路——历史长河中的西方史学》,复旦大学出版社,1989,第264页。

④柯林武德:《历史的观念》,何兆武、张文杰译,中国社会科学出版社,1986,第55页。

带来了一次转机。最先兴起的是人文主义史学,在他们的史著里,"人"重新成为历史的中心。稍后出现的博学派史学,专注于教会及其他史料的整理,他们使用的研究方法,是后世史学考证的滥觞。到十八世纪,启蒙思潮又影响了史学著述,史学家也以理性的态度和观念来审视历史、评述历史。而历史哲学家如维科、赫尔德、康德、黑格尔等,则试图在历史中抽象出一种系统的、可以用来解释所有民族和国家历史的、类似于自然科学的普遍规律。然而,由于缺乏系统全面的史料研究、缺乏科学谨严的考证方法,历史学还未能安顿好自己的学科任务,以及其在学科系统中应处的地位。

十九世纪,西方学术界把它称之为"史学的世纪"。这时,历史学最终成为一种专业的研究,历史学家也成为一种专门的职业。史学家在大学里从事历史研究和教学,成立各种研究学会和专业团体,出版各类史学的刊物和杂志,历史学遂成为一门独立的学科。职业的历史学家谨慎地设定学科的研究任务:对可靠资料的批评考证,不偏不倚的理解,客观的叙述,所有这些应结合起来,目的是再现全部的历史真相。与之相对应的是,他们总结出一整套历史研究和教学的方法。以德国史学家兰克为代表的这种史学"范型",获得了很大的成功,其影响也波及欧美。不过,这种史学"范型"(任何一种研究"范型")也有它的局限性——这需要二十世纪以后的史学家去弥补、纠正。对十九世纪的史学发展做出重大贡献的还有马克思和恩格斯,但其影响也要到二十世纪才能显现。

进入二十世纪,中外的史学研究又发生了"范型"的转变。

一九〇二年,梁启超发表了《新史学》一文,批评中国的传统史学有"四弊二病",呼吁史学界要进行一场"史学革命"。所谓"四弊二病",就是:"知有朝廷而不知有国家,知有个人而不知有群体,知有陈迹而不知有今务,知有事实而不知有理想;能铺叙而不能别裁,能因袭而不能创作。"[①]梁氏的"史学革命",推动了中国史学由传统向现代的"范型"转变:以进化史观替代循环史观、天命史观;以章节体替代纪传体;以"国史""民史"替代"帝王将相史",由为帝王提供"资治"变为为全体"国民资鉴"。这一系列的变化构成了中国现代史学"范型"的雏形。当然,促成这场转型的还有一些其他的重要因素,如新

[①] 梁启超:《新史学》,载《饮冰室文集点校》第6集,云南教育出版社,2001,第1629-1630页。

史料的发现与整理,国外史学理论和方法的传入与介绍,以及历史研究的职业化与新式历史教育的兴起,等等。

到二十世纪的中期,中国史学又发生了方向性的转变。此次转向的源头,可以追溯到世纪之初唯物史观在中国的传播,以及后来逐渐形成、壮大的马克思主义史学。中国的马克思主义史学热切关注国家和社会的命运,希望通过他们的史学研究,为中国现实社会的革命斗争提供指南,具有一种强烈的现实感和政治实践性。同时,马克思主义的史学家以唯物史观为历史研究的理论指导,运用唯物史观的基本原理来解读中国的历史。随着新民主主义革命的胜利和中华人民共和国的建立,马克思主义史学最终确立了它在中国现代史学上的主导地位。

西方史学在二十世纪也发生了重大的转型。这次转型是由诸多史学流派的研究实践所促成,其中贡献最大的,是被称为西方史学三大"范型"之一的年鉴学派。此次转型的主要特点:一、从单纯地对史事的考证,到强调对历史的理解和解释。二、从单纯地追求历史认识的客观性,到强调史家的主体性,强调"历史是由活着的人和为了活着的人而重建的死者的生活"①。三、在史学实践上,更多的史学家主张对历史做多层次、多方面的综合考察;主张拓展史料的范围,使用一切可以利用的材料;主张引入各种学科的研究方法,建立跨学科的研究模式。由此,产生了一系列新的研究课题,如家庭史、城市史、社区史、妇女史、儿童史、劳工史,乃至饮食、服饰、交通、技术、商业、疾病、死亡、恋爱、婚姻等的历史,这些新领域、新学科的开辟,极大地丰富了历史学科的内涵,历史学的面貌也焕然一新。

大约在一九八〇年以后,中国史学家又开始对史学研究的"范型"进行了调整与修正:历史研究还是应该以对史料的解读、史事的考订为基础;应该从狭隘的政治史、经济史拓展到社会史、文化史乃至民众的日常生活史等领域;历史研究应该与其他各门社会科学,乃至自然科学建立广泛的联系和结合,应该引入和借助各种学科的研究方法,以丰富史学的研究手段,等等。史学"范型"的调整和修正,并不是短期内就能一蹴而就的,其间难免有多次的反复,甚至回调。所以,中国现代史学的"范型"转变,仍处在调适和变动之中。

---

① 雷蒙·阿隆:《历史哲学》,王养冲译,载田汝康、金重远选编《现代西方史学流派文选》,上海人民出版社,1982,第95页。

什么是历史学?

▶▶ 史学的属性

属性一词,通常是指事物固有的性质,它是事物存在的根据或理由。历史学的属性,就是指历史学的学科性质,是指这个学科之所以能够存在的根据或理由。

人们常说历史学是一门实证学科,这是由历史学的工作目标和任务所决定的。历史学的工作目标或任务是求真,那就一定要讲究学科研究的实证。何谓求真?如何才能达到真?这当然也有各种各样的解读,但能够实证,才能称之为真,这是大家都能认可的标准。凭空想象,游谈无根,那不是实证,那不是历史学。实证一词,通常有两种含义:一种是强调证据,用证据来证明结论。历史学的基本准则就是言之有据,所谓"拿证据来",就是凭证据说话。正如胡适所说:"有几分证据,说几分话。有一分证据只可说一分话。有三分证据,然后可说三分话。治史者可以作大胆的假设,然而决不可作无证据的概论也。"[1]凭证据下结论,有证据才能建立起历史知识,这就体现了历史学的实证性。

实证一词的另一种含义,就是实验证明。历史不能

---

[1] 耿云志、欧阳哲生编《胡適书信集(中)》,北京大学出版社,1996,第700页。

实验,当然也就不能像自然科学那样通过可控的实验来加以证明。不过,也有学者指出:"历史著述是一块试验田,可以用它来验证政治和道德价值……我们本应在实际的社会和政治现实中验证不同的伦理和政治标准的优缺点,然而,历史写作为我们提供了这样一块试验田,使我们能避免在现实中可能遇到的灾难。"[1]换言之,历史学的结论,同样也可以在现实的社会实践中加以验证,这也体现了历史学的实质性,只是这种验证、实证,要比自然科学的可控实验更加复杂、更有难度。

肯定历史学的实证性,也就肯定了历史学有科学的属性。历史学的科学性,首先体现于它在史事认知上的科学性。在历史学里,要确实无误地认定史事,并非一件轻而易举的事。它不仅要证据确凿,还要使用科学的方法、遵循科学研究的准则。比如,说传世本的《尉缭子》是一部伪书,学界几乎没有疑义,但一九七二年考古学者在山东临沂银雀山的汉墓出土了竹简本的《尉缭子》,与传世本相比,文字大致相似,这就证明了以前的判断是错的,传世本实在是确实可信的先秦古书。这就是证据的力量,也就是实证的原则。又如,清代通行本《后汉书·

---

[1] 陈新主编《当代西方历史哲学读本》,复旦大学出版社,2004,第242-243页。

郭太传》文末有一段文字:"初,太始至南州,过袁奉高,不宿而去,从叔度,累日不去。或以问太。曰:奉高之器,譬之泛滥,虽清而易挹。叔度之器,汪汪若千顷之陂,澄之不清,扰之不浊,不可量也。已而果然,太以是名闻天下。"史学家钱大昕疑其语句有误:一、郭太,字宗林,"太"同"泰",《后汉书》作者范晔因避讳其父之名(父名泰),故凡郭泰处,均称宗林,此处为何作"太"?二、黄宪,字叔度。此处书字不书姓,不伦不类。三、前文已云"名震京师",此处又云"名闻天下",词意重沓。四、此事已经载于《汉书·黄宪传》,按古人撰史的体例,一事一出,不当重复。钱氏从避讳、文理、体例等方面来怀疑这段文字。后来证明,这段文字是抄写翻刻时误将注文掺入了正文。而钱氏之所以能做出精准的推断,原因全在于他使用的方法是科学的。这都是历史研究在史实求真上的科学性。

一般认为,科学性用来指称那些具有普遍有效的一般命题的学问或研究成果。那么,历史学是否也有这种含义上的科学性?关于这一点,学界尚有不同的意见。其实,研究成果是否具有普遍性,主要考察它是否能有效地进行知识的"迁移"。知识不能"迁移",当然也就没有普遍性。反之,它就有普遍性,就有上文所说的那种科学性。历史地理学家侯仁之曾写有《历史时期渤海湾西部海岸线的变迁》和《历史上海河流域的灌溉情况》两文,文中总结的历史知识,就可以"迁移"到二十世纪五六十年代海河治理①。另一位历史地理学家邹逸麟研究黄河下游河道变迁与影响,他认为:"黄淮海平原今天存在的一些问题,绝大部分是在历史时期形成的,换言之,这是几千年来自然环境本身的变化和人类活动对自然环境施加影响所产生的结果。因而对黄淮海平原地区作历史地理的研究,不仅有很重要的学术意义,同时也有利于加深对现状的认识"②。这些历史地理研究中所获得的成果,都可以"迁移"到现实的黄淮海平原的治理上。其实,历史学中一些理论性的阐述,也都能化为知识进行"迁移"。比如,唯物史观所阐述的物质生产是整个社会生活的基础,它决定了社会制度的性质,也是社会发展的主要力量等。它不仅可以"迁移"(解读)于古代、近代的历史,也可以"迁徙"(解读或指导)于现代的社会及其生活。研究成果可以"迁移",就说明它的普遍有效性,这同样体现了学科研究的科学性。

---

① 丁超:《经世致用——侯仁之学术生涯的思想基调》,《中国历史地理论丛》2007年第22卷第1期。
② 邹逸麟:《我与中国历史地理学》,载张世林编《学林春秋》三编下册,朝华出版社,1999,第589页。

总之，实证性是史学方法的属性，科学性是强调学科知识的属性，就此而言，历史学毫无疑问可以厕身于科学之林。当然，各种学科的科学性也是有差异的。何兆武曾说："历史学比科学既多了点什么，又少了点什么。"① 它"少"了什么呢？就方法的实证性而言，它不能像自然科学那样借助受控实验来反复验证；就知识的科学性而言，如用作预测，也难以有科学知识的那种精确性。不过，这里的"少"，只是程度上的差异，不是本质属性上的不同。

那么，历史学比科学"多"了什么呢？那就是多了一种人文的属性。历史学的人文性，是由其研究对象，即历史本身的特性所规定。正如何兆武所说，人类历史有别于一切物种历史的特征，就在于它"彻头彻尾贯穿着人文动机"。这里说的"人文动机"，"是指人类的理想、愿望、热情、思辨、计较、考虑、推理、猜测、创造乃至野心、贪婪、阴谋、诡计等。总之，是人类的思想，是为人类所独有而为其他物种所没有的思想——好的和坏的、正确的和错误的。没有人类的思想就没有人类所创造的事业，就没有人类的文明史"。从这个意

---

① 何兆武：《对历史学的若干反思》，《史学理论研究》1996年第2期。

义上说,一部人类文明史也可以说就是一部人类的思想史,是人类思想活动(及其表现为行动)的历史。①不能领会前人的思想感情(如《资治通鉴》所写的"老子杀儿子,儿子杀老子"),那么最多只能说是知道了(kennen)历史事实,但不能说是理解了或懂得了(wissen)历史②。

历史学的目的,不仅是要了解"是什么""为什么",它还会涉及"有何意义"的问题,这就涉及对史事的评价。史事的评价与史事的认知不同。史事的认知是以客观历史为蓝本,目标是求得主观的认知与客观的史事相符合,它涉及的是真与假、正与误、是与非等问题。评价的目标是明白史事对我们的意义,它涉及的是好与坏、善与恶、美与丑的问题,这就体现了历史学的人文性,这也就是历史学科比一般意义上的科学"多"出的属性。所以,有学者说,历史学是介于科学与人文之间的一门学科。③ 或者说,历史学的与众不同,就是它兼有了科学与人文的两种属性。

---

① 何兆武:《历史学两重性片论》,《史学理论研究》1998 年第 1 期。
② 何兆武:《对历史学的若干反思》,《史学理论研究》1996 年第 2 期。
③ 周振鹤:《历史学:在人文与科学之间?》,《复旦学报》2002 年第 5 期。

▶▶史学的主体

谁是历史学的主体?迄今为止,对我们人类的历史发生兴趣、进行探讨研究的,只是人类自己。除了那些还不能区分昨日之我与今日之我的婴幼儿之外,任何人,当他抱着某种目的,或为某种需要所驱使去回顾、思索过去时,他就进入了一种历史研究活动,他就是历史研究的主体。这种任何时代、任何社会都广泛存在的史学主体,可以称为广义的史学主体。

正如史学家卡尔·贝克尔所说:

人人都是他自己的历史学家。

如果历史的本质是对说过做过事情的记忆,那么显然每个正常的人,每个普通人都懂得一些历史。……每个普通人,同你我一样,记忆种种说过做过的事情,并且只要没有睡着也一定是这样做的。假定这位"普通先生"早晨醒来而记不起任何说过做过的事情,那么他真要成为一个失去心灵的人了。这种一下子丧失了所有历史知识的情形是曾经发生过的,不过这是不会发生的。正常地说来,这位"普通先生"的记忆力,当他早晨醒来,便伸入过去的时间领域和遥远的空间领域,并且立刻重新创造他努力的小天地,仿佛把昨天说过做过的种种事情联系起来。没有这种历史知识,这种对说过做过事情的记忆,他的今日便要漫无目的,他的明日也要失去意义。

他又说:

每个普通人如果不回忆过去的事件,就不能做他需要或想要做的事情;如果不把过去的事件在某种微妙的形式上,同他需要或想要做的事情联系起来,他就不会回忆它们。……换言之,对说过做过事情的回忆(不论发生于我们贴近的昨天抑或人类久远的过去),是与将说将做的事情的预期携手共行,使我们能就每人知识和想象所及,获得智慧,把一瞬即逝的现在一刻的狭隘范围加以推广,以便我们借镜于我们已做和希望去做的,来断定我们正在做的事情。①

然而,人是结成群体而在社会中生活的,社会生活的群体性需要有一种群体的历史记忆,需要记忆和研究群体的历史。于是,在人类的群体之中,即在广义的史学主体的基础上,产生了一批专门记忆和研究群体历史的人,这就是通常所说的历史学家或史学工作者,可以称他们为狭义的史学主体。换言之,只要你是学习、思考着群体的历史,你的

---

① 卡尔·贝克尔:《人人都是他自己的历史学家》,王造时译,载田汝康、金重远编《现代西方史学流派文选》,上海人民出版社,1982,第261、266页。

身份就转向到狭义的史学主体。与广义的史学主体一样,历史学家的责任和工作目标,从积极的方面说,是"记忆种种说过做过的事情","把昨天说过做过的种种事情"与"将说将做的事情的预期"联系起来。从消极的方面说,是防止遗忘历史、"失去心灵",防止生活"漫无目的"或"失去意义"。具体而言,那就是:

一是阐明历史事实的真相,从隐晦曲折、若明若暗的历史信息中,钩沉发微,阐明真相,这是史学家的专长,也是史学家的责任。所谓"不虚美,不隐恶,善恶必书""秉笔直录",这是史学家的责任。历史上的董狐、齐太史,为了记载真实的历史不惜牺牲个人的生命,后人称之为"良史"的典范,就是为此。

二是科学地总结历史经验教训,深入研究历史与现实的联系和区别,研究历史的经验及其适用范围,把历史借鉴建立在科学研究的基础上,从而正确地发挥其对现实的导向作用。所以,历史学家有责任,也有义务将历史的前车之鉴,或屡试不爽的经验教训指示出来,哪怕这同他的信仰或社会相抵触①。

---

① 萨缪尔·莫里逊:《一个历史学家的信仰》,载张文杰等编译《现代西方历史哲学译文集》,上海译文出版社,1984,第264-265页。

千万不可看轻了这份工作的责任,不可看易了这些工作的目标。因为,但凡涉及群体的历史,有关的研究就会变得非常复杂和困难,就会产生许许多多的分歧与争论。这就显示了广义的史学主体与狭义的史学主体的差异,而后者则必须具有一定的职业素养和职业道德才能胜任。职业素养是达成工作目标的保证,职业道德是履行史学家责任的行为规范。中国古代的史学家,很重视自身的素养问题,其中最为熟知的是刘知幾的"三长"说和章学诚的"史德"说。

唐代史学家刘知幾说史家"三长":"三长,谓才也,学也,识也。夫有学而无才,亦犹有良田百顷,黄金满籝,而使愚者营生,终不能致于货殖者矣。如有才而无学,亦犹思兼匠石,巧若公输,而家无楩楠斧斤,终不果成其宫室者矣。犹须好是正直,善恶必书,使骄主贼臣,所以知惧。此则为虎傅翼,善无可加,所向无敌者矣。"清代史学家章学诚特别强调治史者要有"史德":"能具史识者,必知史德。史德者何?谓著书者之心术也。"[①]他所说的"史德",实际上就是史学家的职业道德。

英国史学家乔治·皮博迪·古奇曾强调:"任何一个

---

① 章学诚:《文史通义校注》,叶瑛校,中华书局,1985,第219-220页。

为自己的种族、自己的国家、自己的党派或教会大声辩护的人,是无缘进入历史女神之庙的。"他说:"如果有人要我起草历史学家的'十诫',我将首先写道:'不要忘记你们对读者的道义上的责任'。"①史学家吕思勉则强调"为学之事与利禄之念最不相容"②。他说:

> 真正的学者,乃是社会的、国家的,乃至全人类的宝物,而亦即是祥瑞。我愿世之有志于学问者,勉为真正的学者。如何则可为真正的学者?绝去名利之念而已。显以为名者,或阴以为利;即不然,而名亦是一种利,所以简言之,还只是一个利字。不诚无物;种瓜不会得豆,种豆不会得瓜;自利,从来未闻成为一种学问,志在自利,就是志于非学,志于非学,而欲成为学者,岂非种瓜而欲得豆,种豆而欲得瓜?不诚安得有物?然则学问欲求有成,亦在严义利之辨而已。③

以史学研究为志业,做"绝去名利之念"的"真学者",这当然是史学主体的理想典型,但对每一位从事史学工

---

① 乔治·皮博迪·古奇:《十九世纪历史学与历史学家》,耿淡如译,商务印书馆,1989,第 3-4 页。
② 吕思勉:《今后学术之趋势及学生之责任》,载《吕思勉诗文丛稿(上)》,上海古籍出版社,2020,第 268 页。
③ 吕思勉:《从章太炎说到康长素、梁任公》,载《吕思勉论学丛稿》,上海古籍出版社,2020,第 406 页。

作或爱好学史的人来说,都应该抱着一种"虽不能至,然心向往之"的态度来鞭策自己。

▶▶史学的对象

顾名思义,史学的对象就是历史,但历史并非全是史学的对象。

人类社会的历史有着极为漫长的历程和无限丰富的内容,而史学研究所指向的,仅仅是这极其漫长、无限多样的过程和内容里的一小部分。所以,严格地说,只有这一小部分已经进入史学研究活动、为史学家所研究的——各种历史人物、事件或过程等,才能称为史学的对象。正如恩格斯所说:"如果我们不能对事物加以研究,那么它们对我们来说就是不存在。"①说它"不存在",当然不是说它未曾发生过,而是说它还未进入我们的认识活动,还不是现实的史学对象。

已经过去的史事、人物,如何才能成为史学的对象?首先是,它们要能在现实社会里留下种种遗存或遗迹,这就是通常所说的史料。以中国历史来说,史学家之所以

---

① 马克思、恩格斯:《马克思恩格斯全集》第 20 卷,人民出版社,1971,第 584 页。

能够研究一万年前的原始农耕、聚落生活,那是因为考古学家在陕西半坡、浙江余姚河姆渡等地发现了早期先民生活、生产的遗址、遗物;之所以能够研究秦皇汉武,那是因为《史记》等传世文献记载他们的生平事迹。许多前人无法知晓的史事,因为后来有了新史料的发现,才成为后代史学家的研究对象。如通过分子遗传学的研究找到了早期人类迁移的历史信息,史学家才能将人类起源及其迁移的历史纳入他们的研究对象。总之,只有史事和史料的双重存在,才能使它有可能成为历史学的对象。

然而,即便有史事与史料的双重存在,有些已成了历史学的对象,有些则无人知晓、无人问津,这就说明史学的对象还与研究者的选择有关。英国史学家汤因比曾说到这个问题。他说:

假使某人掌握着单独一天之内在全世界出版的所有报纸,并假设他得到保证说所有报道的每一个字都是像福音一样的真理,那么他拿着这些报纸能干些什么呢?他又如何组织它们呢?再进一步假设他认为所有的事实都是同样重要的——可他就是无法写成一部掺和所有这些事实的单独一天的历史。他不得不进行选择,而且,即使他把所有事实都转载出来,他也只能突出一些事实,并贬低另外一些事实。①

可见,能够成为史学的对象,都是史学家认为重要的、有研究价值的史事。然而,什么才是重要和有研究价值的?不同时代和社会的史学家,对此有不同的理解和不同的选择。在古希腊罗马时代,历史学家通常是选择政治和军事方面的史事来作为他们主要的研究客体。在古代中国,史书记载的内容很广泛,但历史学家主要关注的还是朝代的兴衰更替和帝王将相的活动。这样的选择,受到后人的批评。一代又一代的史学家,在新的历史条件下,重新选择研究的对象,或者是重新安排和调整史学对象的主次、轻重。有的以人事活动为主要对象,有的以文化形态为主要对象,有的以社会形态为主要对象,有的以社会结构为主要对象,还有的在长时段、深层次上选取研究的对象。相对于单纯的政治史来说,经济史或社会史的研究,意味着历史研究更加宽广、更加深入。从这个意义上说,史学对象的转变和更替,也反映出史学演进的一个侧面②。

---

①汤因比:《汤因比论汤因比——汤因比与厄本对话录》,王少如、沈晓红译,上海三联书店,1997,第14页。
②爱德华·霍列特·卡尔:《历史是什么?》,吴柱存译,商务印书馆,1981,第135页。

从表面上看,对象的选择与史学家个人的研究兴趣有关,是史学家个人的选择,但实际上则与史学家生活的时代和社会实践有关。比如,在史学史上,有关中国传统社会是不是长期延续或停滞不前,曾有过四次研讨的高潮,每一次都与当时的时代和社会的实践密切相关[①]。有些历史的细节,甚至历史人物的隐私,之所以也成为史学的对象,那是因为这些细节,或隐私对于理解历史至关重要。恩格斯曾论述过这样的问题。他说:"路易十五与杜芭丽或彭帕杜尔的关系是私事,但是抛开这些私事,全部法国革命前的历史就不可理解。"[②]而这样的研究,则是由现实社会的实践引起的,尤其是经历了法国革命时期数十年动荡之后的人们,迫切希望从有关历史中去寻找答案。

以上都是从内容上来讨论史学对象的变化。史学的对象还可以从时空范围上来考察它的变化。从空间上说,早期的史学著述,实际上都写了他们所知道的世界史。比如《史记》就是一部当时的世界史,而不是本国史。

[①] 黄敏兰:《20世纪百年学案:历史学卷》,陕西人民教育出版社,2002,第289页。
[②] 马克思、恩格斯:《马克思恩格斯全集》第18卷,人民出版社,1965,第591页。

不但《史记》,就是传统时代的"廿四史",说它们都是当时的世界史,也未尝不可,因为它们已经把那个时代人们所知道的世界范围包括在内了①。同样,西方古典时代的史学也是如此。比如希罗多德的《希腊波斯战争史》,虽然以长达近一个世纪的希腊波斯战争为主要内容,但笔触所及,则包含了小亚细亚各地、爱琴海诸岛、埃及、叙利亚、巴比伦、波斯帝国的内地、色雷斯、黑海北岸的西徐亚、西西里和意大利等地②。当然,他们所书写的世界史的空间范围,要比今日的世界史的空间范围小得多,它只是当时人们所知的一个最大的空间范围而已。真正意义上的世界范围的历史,那是要到新航路开辟之后。套用马克思的话来说,"作为世界史的历史"③是史学发展的结果,当然它更是人类由彼此隔绝到越来越相互紧密联系的结果。史学研究的对象才真正实现了空间上的全球范围。

从时间上来考察,史学对象的时间上限是随着新史

---

① 吕思勉:《历史研究法》,载《史学与史籍七种》,上海古籍出版社,2020,第13页。
② 杨豫:《西方史学史》,江西人民出版社,1993,第44页。
③ 马克思的原话是:"世界史不是过去一直存在的,作为世界史的历史是结果。"见马克思、恩格斯:《马克思恩格斯全集》第46卷上,人民出版社,1974,第48页。

料的发现而不断上移的。以中国历史而言,在田野考古学产生之前,史前的历史通常最远也就是追溯到三皇五帝,至于盘古开天地、女娲补天,那都属于神话传说。自二十世纪田野考古学在中国兴起之后,史前历史的上限就不断地往前推移。如今的中国史著述,新石器文化可以追溯到一万年前,旧石器时代可以追溯到一百八十万年前,而中国境内最早的人类化石,可以追溯到一百七十万年前的"元谋直立人"[①]。这都得益于考古学的发展以及考古发掘所获得的新史料。

至于史学对象的时间下限,那是随着时间的推移而自然延伸的。不过,这里也受到治史观念的影响。早期的史学著述,都是"当代人,写当代史"。如司马迁的《史记》就一直写到他生活的年代(西汉武帝时期),西方古典时代的史学家,也是以当代史为他们的书写重心。后来,一方面是因为当代史事往往缺乏史料,另一方面是追求历史书写的客观性,历史研究者就有意识地与史事拉开时间上的距离,直到二十世纪五十年代,西方史学界仍有一条不成文的"清规戒律",即历史研究的时间下限划定在二十世纪之前,至多也不超过第一次世界大战。不过

[①] 姜义华、武克全主编《二十世纪中国社会科学:历史学卷》,上海人民出版社,2005,第124-128页。

到二十世纪中期起,这种"清规戒律"逐渐受到了批评和纠正①。如今,及时地延伸史学对象的时间下限,已是当代历史书写上的一种新趋势。一本写于二〇〇九年的中学历史教材,其叙事的时间下限断在二〇〇一年的"九一一事件"和二〇〇三年的"伊拉克战争"②;另一本写于二〇一九年的中学历史教材,其叙事的时间下限断在二〇一七年"中共十九大的召开"和"倡导构建人类命运共同体"③;这都是史学对象新变化、新趋势在教科书中的反映。

▶▶分支与门类

古人论治学,有辅翼之学(如经学、文字学、目录版本学的研究)、考索之学(如史学札记、古史考辨的研究)、比次之学(如文献资料的辑录、史料长编、史事编年等研究)与通贯独断之学(如通史、断代史,以及各种研究法的研究)之区分。用现在的看法来说,这实际上是史学研究的

---

①余伟民主编《历史教育展望》,华东师范大学出版社,2002,第259-263页。
②余伟民主编《高中历史:第六分册》,华东师范大学出版社,2009,第53页。
③张海鹏、徐蓝总主编《中外历史纲要(上)》,人民教育出版社,2020,第141页。

内部分工。任何一种学问的研究,其内部都是有分工的,这个分工的外在表现,就是学科的分支或门类。历史学也是如此。有学者说,现代史学宛如一个工业部门[①]。确实,随着历史学的发展,学科内衍生出的分支和门类越来越多[②]。

史学的分支或门类,主要是由研究对象、任务和研究方法的不同而产生的。依此标准,我们可以把历史学分为三大分支:主干学科、辅助学科和反思学科。

主干学科,也可以称为主体学科。历史学的根本任务是认识历史,所以以历史为对象、以认知历史为任务的研究,都可以归入历史学的主干学科。在这个主干学科里,有关的研究通常在两个层面上展开,所以它又可以分为两个门类:一类是对历史做具体性的研究,它使用的是记载、描述的方法,可以称为"记述的历史";另一类是对

[①] 杰弗里·巴勒克拉夫:《当代史学主要趋势》,杨豫译,上海译文出版社,1987,第283页。
[②] 关于历史学的分支与门类,学界有各种不同的划分。如有的学者将历史学分为史学理论(如历史哲学、史学自身理论和方法、历史的理论等)、历史过程与规律的叙述(如通史、专史、断代史、国别史、区域史等)、史料研究(文献、考古、金文甲骨等研究)三层次(赵吉惠:《论历史学的结构与观念变革》,《史学理论》1989年第3期),也有的学者将历史学分为时间系列、空间系列、内容系列和人物系列等门类(葛剑雄、周筱赟:《历史学是什么》,北京大学出版社,2015,第74-124页)。

历史做抽象性的研究,使用的是综合、论述的方法,可以称为"理论的历史"。

记述的历史,种类也很多,如通史一类的,有全球通史、中国通史等。如国别一类的,有英国史、法国史和美国史等。再如断代一类的,有先秦史(秦统一以前)、秦汉史、魏晋南北朝史、隋唐五代史、宋史、元史、明史、清史、中国近代史、中国现代史、中华民国史、中华人民共和国史等。在实际的研究中,这些门类还可以有更细化的小分类,如在先秦史之内,又分:夏商史、西周史、春秋史、战国史等。这都是通史和断代史、国别史的门类。

记述的历史还包括各种专门史,如中国政治制度史、土地制度史、赋税制度史、经济史、文化史、军事史、民族史、民族关系史、教育史、法律史、政治思想史、史学史、农业史、手工业史、商业史、货币史、交通史、科技史、风俗史、社团发展史、民主党派史等。此外,还有事件史和人物传记。前者如五四运动史、工运史、太平洋战争史等,后者则有各种人物的年谱、传记或评传等,它们都可以归入"记述的历史"。

理论的历史,就方法上说,是论史,而不是叙史;而它的研究成果,则是各种对历史论述性的著述。这一门类,

也可以按对象宽窄、理论的抽象程度等分成不同的种类。比如,有一种是对古今中外整体的历史进行理论研究的历史哲学,像意大利的维科,德国的康德、黑格尔等学术大家,都曾以这样的方式做过研究,留下不少史学名著。对象范围稍小的,则是对某一种文化、某一国家、某一时段的历史进行理论研究,如胡如雷的《中国封建社会形态研究》,就是以政治经济学的理论体系来架构书写的①。在历史上,宋代史学家范祖禹的《唐鉴》,明末清初史学家王夫之的《读通鉴论》《宋论》等著述,也属于理论史学里的论史一类。

辅助学科,也有人称它是历史学科里的基础学科。历史学的最终目的是要认识历史,但历史已经消逝,史学家只能通过历史资料(文献的或实物的)去认识研究它们。这样,围绕着历史资料的许多研究,就构成了历史学的辅助研究。因为它是基础性的,故也称它是历史学的基础性学科。

辅助学科的研究对象是史料,它的任务是求得真实可靠的史料。在辅助学科内,也因对象或任务的不同,分

---

① 胡如雷:《中国封建社会形态研究》,生活·读书·新知三联书店,1979,序第 1 页。

化出各种小的门类。如因研究对象(史料)的不同,有档案学、文书学、金石学、碑铭学、纹章学等门类;也有因任务的不同,分有辨伪学、校勘学、辑佚学、版本学、考据学等。当然,实际的研究总是综合或交叉性的。如我国史学家自二十世纪五十年代起,持续几十年的"廿四史"整理出版,就综合了校勘、版本、辨伪等多项研究。又如由几代德国史学家编撰的《德意志史料集成》,收集了从公元六世纪到十五世纪的大量的德意志的重要史料,所有收录的史料都有详尽的考证,还做了文句的校正、语义的诠释、版本的梳理等研究。这项研究费时一百多年,虽说是辅助性的,却是十九世纪德国历史学的经典之作,体现了德国历史学家扎实的资料功夫和研究水平。

反思学科,顾名思义就是学科的反思性研究。历史学是人对其自身历史的一种反思,但作为历史学科的一个分支,它所反思的对象不是历史,而是史学。此种研究,有些是偏于总结概论性的,如唐代刘知幾的《史通》、清代章学诚的《文史通义》,或现今出版的一些《史学概论》等;有些是偏于质疑和批判性的,即有意识地,抱着质疑、批判的态度对历史学、历史认识或史学方法进行反思研究。我们知道,历史本身早已过去,对已经过去的史事、人物加以研究,并以文字(或其他方式)表达出来,离

不开历史学家的工作。正是在这个意义上,历史决定了史学,同样,史学也决定了历史。如果你使用的研究方法是错误的,那么你最终呈现的历史面貌也一定是错误的。所以,历史学家需要对自己的研究做一番严肃而深刻的反省:它涉及历史学的性质,史学研究的目的和方向,史学研究所使用的理论、方法或观念,甚至学科本质之类的根本性问题。当然,总结概论与质疑批判,往往也是兼而有之的,通常只是研究的侧重有所不同。反思学科的研究也有不同的种类,如史学理论[①]、历史认识论、史学史、历史编纂学和史学评论等,它们构成了历史学科的第三个分支。

任何分类都是相对的,历史学科里门类分支的归属,也是如此。比如,把历史学视为文化现象来加以叙述,那么历史学的发展演变就是文化史的一个侧面,就可以把它归属在主干学科;但把历史学作为研究反思的对象,来批评思考它的研究目的或研究方法,那么就可以归属于反思学科。历史学科的三大分支,都不是孤立而是互相

[①] 史学理论,是对史学现象及史学研究进行抽象的理论考察的史学理论学科,它是历史科学对于本学科的反省、反思和自我认识的理论产物。在西方学术界,为了与一般意义上的历史哲学相区别,他们把有关历史的理论研究,称之为思辨的历史哲学,把有关史学的理论研究,称之为分析、评判的历史哲学。国内学术界则分别称之为历史理论与史学理论。

联系的。没有研究,何来反思?没有反思,有关的研究也就会盲目而不能自觉。同样,没有基础性的研究,主干研究就如同空中楼阁;没有主干研究的引导,基础研究就失去了方向。总之,它们各自的发展都受其他学科的制约和影响,同时也积极地影响或推动其他学科的发展,存在着一种相互依存、彼此促进或牵制的关系。

▶▶流派与思潮

历史学的发展,不仅表现在它派生出许多研究的分支与门类,也表现在研究流派的迭出或学术思潮的云涌。换言之,不断出现的史学流派和各种史学思潮,也是学科发展的重要生长点。这一点,在二十世纪的西方历史学表现得尤为突出。

二十世纪西方的历史学,可谓是学派林立、思潮迭出。按出现时间的先后,其影响较大的史学流派有:在美国史学界兴起的"新史学派",强调研究对象的无所不包,强调史学的社会功用、实用价值;在法国史学界兴起的"年鉴学派",追求总体史的研究,主张跨学科的研究方法;在英国兴起的"马克思主义历史学派",主张"自下而上看历史",关注社会下层人的历史;在美国兴起的"计量史学派",运用计量学的理论去排列和处理数据,分析和

描述历史对象;以德国的斯宾格勒和英国史学家汤因比倡导的以"文明"为研究单元,研究和阐明文化的起源、生长、衰落和解体的历史过程的"文化形态学派"。此外,还有许多以新方法、新视域而独树一帜的学派,如比较史学、心理史学、口述史学、影视史学、城市史学、微观史学、历史人类学、全球史研究等。

在史学界,流派与思潮常常是混合、重叠而不易区分。一般说来,流派是因治史样式的共同性(如宗旨、理论、方法等)而显示出来派别特征;而思潮则更多是指某种治学趋向,常表现为学术研究上的较为持久的关注热点。流派会演化为思潮,思潮也会催生出不同的研究流派[①]。一百多年来,学术界对史学的反思性研究,就成为一种学术的思潮,并在这种思潮的影响下呈现出不同的研究流派。

早在十九世纪中期,德国学者狄尔泰、文德尔班、李凯尔特等就开始用批评的态度来研究历史学的学科性质。他们认为,此前的学者,只看到史学与自然科学的

[①] 胡逢祥、张文建:《中国近代史学思潮与流派》,华东师范大学出版社,1991,第15页。

"齐"(一致性),而看不到它们的"畸"(差异性)[1]。科学研究都以事实为对象,但历史学的对象——由各种各样人的活动所构成的"历史事实",它们是人类的精神生命,而自然界则谈不上这一点。对象的不同导致了方法的不同:对于自然界,我们使用解释的方法;对于精神生命,则需要用体验的方法。自然科学里的事实只是普遍一般的例证,而历史中的事或人则是因为其文化价值而成为历史学的对象,它是唯一的、不可替代的,历史学虽然也要用一般性的概念,但它最终的目的是对史事、人物的描述。它是一门与自然科学不同的文化科学。

到二十世纪的上半期,此项研究又出现了一种新的动向,其特征是从史家主体方面来理解这门学科的特殊性。代表性的学者是意大利的克罗齐、美国的卡尔·贝克尔和英国的柯林武德等。克罗齐关注的不是"历史事实",而是"历史事实"背后的史家,以及史家所生活的那个社会和时代。他的名言是"一切真历史都是当代史",旨在强调历史认识的当代性,即我们撰写的历史著述不可避免地具有当代性。卡尔·贝克尔的代表作是《什么

---

[1] 何兆武、陈启能主编《当代西方史学理论》,中国社会科学出版社,1996,第297页。

是历史事实?》和《人人都是他自己的历史学家》,他认为,"历史"本身是不会说话的;而任何一件史事,对两个不同的人来说决不会是完全一样的;每一代人都用一种新的方法来写同一个"历史事件",并给它一种新的解释。这也是从主体(史学家及其生活的社会和时代)方面来解释历史学的特性。柯林武德的名言是"一切历史都是思想史",认为史事不只是现象,它背后还有思想。所以,史学家必须在自己的心灵中重建或重演过去的思想。

稍后,对史学的反思研究又出现了转向,其代表性人物有英国的沃尔什、波普尔和德裔美国学者亨佩尔。沃尔什特别关注史学与一般科学研究的成果比较。他认为,科学研究的成果是获得一系列具有普遍性的、有预测功能的、能为绝大多数人认可接受的命题,以此比照历史学,就可看出彼此的差异和特点:历史学只有能为某一群体(某一民族、某一党派、某一团体,甚至某一学派)所接受认可的客观性,而没有像自然科学所获得的那种能为普天下的人都认可接受的客观性。波普尔与亨佩尔都是科学哲学家,他们的研究较多地关注学科研究的逻辑问题。波普尔强调"史事"包含有意志、愿望、知识等内容,所以,"史事"的影响就有一种"俄狄浦斯效应";它是一种随变项,所以,历史就难以体现出规律,史学家也无法从中概括出规律。亨佩尔专门研究历史解释的模式,他的研究引起了学术界广泛而持续的讨论,并形成两个派别:一派是波普尔、亨佩尔,主张科学研究只有一种逻辑,它对自然科学和历史学同样适用。另一派是丹图和威廉·德雷,主张历史的个体化研究,不承认自然科学与历史学有统一的研究逻辑。

从"叙事"角度来讨论历史学的本质,那就是史学理论研究中的后现代学派,而美国的海登·怀特是这个流派的代表。海登·怀特关注的是史学的形式,而不是其内容。如果把"史事"看作历史编纂的基本材料,那么从史实性的材料到最终完成的史著,历史学家要做五个方面的工作:一、排列编年,就是把"史事"按其发生的时间顺序排列成编年史。二、组织故事,即通过组织"场景"或过程,将"史事"组织成具有来龙去脉的故事。三、情节编织,就是赋予"历史事实"以一种情节结构,如悲剧的、喜剧的、笑剧的等。四、论证解释,如借助一些原理、原则或规律来论证"史事"的本质、主旨或中心思想。五、意识形态的蕴涵,即社会实践的立场或主张等。所有这些工作都是借助语言来完成的,而历史叙事并没有专业的语言,所以它的工作性质与文学创作无异,历史学家的写作与

文学家一样,都是一种"诗性的"(Poetic)工作①。另一位后现代学者是荷兰的弗兰克·安克斯密特,他的名言,"文本权威的消失",留下的"只有对它们的解释"②。弗兰克·安克斯密特的观点是后现代史学理论中较为极端的一种。

什么是历史学？这是本书的主题,上述学者所做的各种解读,为我们的思考留下了丰富的思想资源。然而,学者们的种种解读,最终还是要接受史学实践的验证。因此,与其纠缠于理论上的争论,倒不如回到史学实践去具体地体会一下究竟"什么是历史学？"。

---

① 张耕华等:《历史学是一门怎样的学科？》,《历史教学问题》2011年第5期。
② 弗兰克·安克斯密特:《历史编纂与后现代主义》,陈新译,《东南学术》2005年第3期。

史料详说

近代的历史学只是史料学,利用自然科学供给我们的一切工具,整理一切可逢着的史料,所以近代史学所达到的范域,自地质学以致目下新闻纸……

我们只是上穷碧落下黄泉,动手动脚找东西!

——傅斯年

▶▶什么是史料?

史料,顾名思义,就是历史研究所使用的资料。各种学科的研究,都要使用资料,历史研究的资料有什么不同呢?

我们知道,历史研究的对象是过去的事,它当然是一

种客观存在，只是它是既往性的存而不在。研究的对象是以往的事，研究的主体是当今的人。一在古，一在今，这就需要一种能联结古今两端的媒介，才能实现这种由今及古的认知活动。孔子说："夏礼，吾能言之，杞不足征也；殷礼，吾能言之，宋不足征也。文献不足故也。足，则吾能征之矣。"①孔子的意思是：夏礼、殷礼，我都能说说，但拿不出证据来证明。杞（国）是夏的后代，宋（国）是殷的后代，到杞、殷两地（国）去看看，那里也找不到证据，因为那里已经没人行礼了。"文献不足"，所以我不能证明；"文献""足"，我就能证明。这里说的"文献"，就是指能够帮助我们去认知历史的史料，没有这个史料作为媒介，我们对历史的认知就不可能实现。

史料在历史研究中起着一种媒介的作用，所以有学者把它称为历史研究的"中介"，有的称之为"中介物"或"中介质"。历史虽是我们研究的对象，但它看不见、摸不着，而能为我们看得见、摸得着的只是史料，我们依据着这些看得见、摸得着的"中介物"，去研究看不见、摸不着的历史。于是，也有学者说，历史研究的对象具有两重性，或者称为两重对象。历史是史学研究的根本对象，而史料则是中介对象、直接对象。这样，历史的认识活动就表现为一种"三极结构"②：

---

① 孔子：《论语·八佾》，杨伯峻等注，岳麓书社，2018，第35页。
② 姜义华等：《史学导论》，陕西人民教育出版社，1989，第94-95页。宁可、汪征鲁：《史学理论与方法》，中央广播电视大学出版社，1991，第78页。

史家──(借助)──→史料──(认识)──→历史

这与一些能够直接面对对象的自然科学、社会科学，就大不相同了。

上述看法，当然能获得事实上的支持。已经消逝的许许多多历史人物、历史事件，今人之所以还能形成对它们这样或那样的认知，全是因为这些人物、事件或多或少地保留了史料，还有许许多多历史人物或历史事件之所以湮没无闻，或我们所知甚少，也是因为它们没有或者极少留存了史料。在这里，史料是历史学家与历史之间的中介物，没有这个中介物，史学家对史事的认知就无法实现。在这种意义上，把史料称之为历史认识的"中介"并无不当之处。用以指导中学历史教学的《普通高中历史课程标准(2017年版 2020年修订)》，也采用类似的说法，并用"桥梁"来比喻史料的"中介"作用，强调"史料是通向历史认识的桥梁"[①]。

然而，历史研究是复杂多样的，史料也是繁多而庞杂的，说史料是通向历史认识的"中介"或"桥梁"，主要是就文字或口述史料而言。就实物史料来说，情况就有所不同。

[①] 教育部基础教育课程教材专家工作委员会普通高中课程标准修订组：《普通高中历史课程标准(2017年版 2020年修订)》，人民教育出版社，2020，第6页。

一把石斧、一本古书,它们就是历史本身,如果我们研究原始先民的工具、研究古代的印刷术,它们就是研究对象的本身。实物史料除了前人留下的古物,还有各种遗址遗迹,那更是看得见、摸得着的历史。意大利古城庞贝,因公元七十九年的维苏威火山爆发而被湮没,直到十八世纪中叶才为考古学家所发掘。今天重回庞贝遗址,我们就能看到古城中的博物馆、戏院、学校、街道、屋宇等各种建筑设施,还有被火山灰凝固了的许多逝者的躯体。在这里,我们不需要借助什么"中介""桥梁"就能看得见、摸得着近两千年前古城的状况。所以,把史料视为历史认识的"中介""桥梁",主要还是就文字或口述史料而言,实物史料就有所不同[①]。

其实,如要深入细究,文字史料也未必全是起"中介"或"桥梁"的作用。以文字史料为依据的思想史、学术史的研究,文本也就是研究对象本身;研究文本,也就是研究文本作者的思想。比如,有一本《胡适哲学思想资料选》[②],收录了胡适在哲学方面的主要著述,如果你要研究胡适的哲学思想,这个《资料选》就是研究对象(胡适哲学思想)的文本

[①] 李振宏:《历史学的理论与方法》,河南大学出版社,1999,第 176-177 页。
[②] 葛懋春、李兴芝编辑《胡适哲学思想资料选》,华东师范大学出版社,1981。

形态，它就是对象本身。把它称之为研究的"中介"，难道思想家的大脑皮层还有个研究对象本身？随着科学技术的发展与运用，通过摄影、录像、录音之类的技术手段保存下来的史料，实际就是历史实况的存录，我们通过录像、相片、录音等史料去认识历史，就是一种看得见、摸得着的直接观察，其间也不存在"中介"或"桥梁"的媒介沟通，虽然我们习惯上仍把这些历史实况的存录称之为史料。

这样的辨析，并不是要纠正史料是"中介"的说法，而是想提醒读者：历史研究是多样而复杂的认识活动，史料也是繁多而品类不一，我们对它的阐述、解读总是处于某种语境，或针对某个问题。尤其注意，不可把某些阐述、解读变成僵死的教条，变成"凡是……就是……"式的公式去死记套用。

▶▶史料的分类

历史研究离不开史料，所以，一般讲授学习或研究历史的书籍，都有介绍史料和史料的分类的内容，以便让初学者对它有个初步的了解。

有关史料的分类，史学界并无统一的分类法和分类标准。有的把史料分为文献、实物、口述三类，也有的把

史料分为文献、实物、图像和口述四类,有的在介绍史料收集途径时罗列了文献、实物、口述、图像、现代音像、数字资源等多种类型。这些分类,有些是为了讲解上的方便,有些是为了突出史料的丰富多样性,都不能视为史料分类上的统一标准。

我们知道,历史研究之所以离不开史料,那是因为史料携带了历史的信息。史料分类的目的,就是对五花八门的历史信息,按其属性、特点做一番初步的归类整理,为下一步的研究利用做准备。所以,合理而恰当的史料分类,应当以历史信息的属性、特点为分类的依据,而不是依信息所依附的载体。这是因为同样的信息会依附在不同载体的史料上,依据载体来分类,就不能清晰、正确地体现信息的属性。在这里,老一辈史学家的史料二分法还是值得推介的[①]。比如,梁启超在《中国历史研究法》中,就将史料分为"文字记录者"和"文字记录以外者"两大类,"文字记录者"一类又分列"旧史""史部以外的群籍""类书及古逸书辑本"等小类,"文字记录以外者"一类也列出"现存之实迹""传述之口碑""遗下之古物"等若干

[①] 也有以原始史料、二手史料为史料的二分法。见李隆国:《史学概论》,北京大学出版社,2009,第57页。

小类①。吕思勉的《史籍与史学》设有"史材"（史料）一节，也用二分法将史料分为"记载者"与"非记载者"两种，"记载者"有"史籍""史以外之记载"（金石）等"纪功之物""传述"等小类；"非记载者"有"人体""古物""图画及模型""政俗"等小类②。

按照这种二分法，凡是以文字形式遗留、传递历史信息的史料，全可以归类于文字史料。文字史料的内部也有很多次一级的小类，这不妨依据载体或习惯来区分，如甲骨卜辞、金石铭文、简牍文字、历代典籍、近现代的书籍、报纸杂志、公私档案，以及古人今人的各种口述回忆等。文字史料的物质载体是多种多样的，除了书籍、文件、档案之外，还有书写在简牍上的，或镌刻在青铜石器上的，但其信息的属性是一样的，都是"以文存意"或"以文（书写的，或口述）会意"。所以都可以归类于文字史料。与之相对应的，便是以物态形式留存、传递历史信息的史料，它们都是"非记录的""非记载者"的物态信息，都可以归类于实物史料。实物史料的内部，也可以分出许多次一级的小类，同样，也可以按照大家的习惯，分为人

① 梁启超：《中国历史研究法》，商务印书馆，1933，第54-96页。
② 吕思勉：《史籍与史学》，载《史学与史籍七种》，上海古籍出版社，2020，第66-68页。

类的化石,古人的石器、陶器、金属器,古人的遗物,古人的生活生产的遗址,等等。至于如图像、录音、录像等史料,如何归类呢?我们仍然可以依据史料携带的历史信息的属性来加以区分:图像、录音、录像之类的史料如无文字(口述)或我们研究时不使用它的文字(口述),那么就归入实物史料;图像、录音、录像如有文字(口述),我们研究时也使用它的文字(口述),那么就可以归属于文字史料。

如上所述,史料分类的目的,是整理收纳各种类别的历史信息,以便按信息的特点施以不同的研究方法,而不是学了分类法,将它化作公式去解答各种历史的习题。换言之,任何一种史料的分类,都不能把它视为一种公式去抽象地讨论它们的类别。这是因为史料的分类是相对和重叠的,不能脱离了具体的语境而谈论它们的类别。一本古书,如果使用古书上的文字记载来研究史事,那么它就可以视为文字史料;如果使用古书的纸张、印刷、装订等物态信息来研究古代的图书翻刻和印刷技术,那么它就是实物史料。同样,一件青铜器,如果提取它的物态信息(诸如金属成分等)来探究古代冶炼的制作与技术,那么它就是一件实物史料;如果利用青铜器上的铭文来研究古代的史事,那么它就是文字史料。

文字史料有时也称为文献史料,因为在现代汉语中,文献与文字往往是通用的。若按古汉语的含义,"文献"一词,则包含"文"和"献"两层含义。宋末元初的史学家马端临在《文献通考》的自序中说:

> 凡叙事则本之经史,而参之以历代会要,以及百家传记之书,信而有证者从之,乖异传疑者不录,所谓"文"也。凡论事则先取常时臣僚之奏疏,次及近代诸儒之评论,以至名流之燕谈、稗官之纪录,凡一话一言可以订典故之得失,证史传之是非者,则采而录之,所谓"献"也。[1]

可见古人所说的"文献","文"是专指文字的记载,"献"是专指人们的口传议论。《史记·淮阴侯列传》:"吾如淮阴,淮阴人为余言,韩信虽为布衣时,其志与众异。"[2]这表明司马迁为撰写韩信的传,曾专门到韩信的家乡去访问耆旧故老,此类采访而来的史料,按严格的史料分类,自然属于口述史料。《旧唐书》的传记,大多取材于国史旧有的列传,或私家的行状、家传和谱牒等,但也采用了时人的口述,尤其写《酷吏传》,因为"酷吏多

---

[1] 马端临:《文献通考》(自序),中华书局,1986,第3页。
[2] 司马迁:《史记·淮阴侯列传》,中华书局,1985,第2629页。

数不得令终,史馆中不可能有此类人的行状、家传,自得多凭采访。此外,有些令终的文武官员在传末却讲点其人的短处,如生活不检点、贪污、无家教之类,这在行状、家传、碑碣上是绝对不会写的,可断定也是来自采访。"[1]从史源上来辨析《史记》《旧唐书》里的这些记载,它们部分来自文字,部分来自口述,这在史学研究上是必要且重要的,但就普通的文史爱好者或学生而言,约定俗成地把它们都归入文字史料,也不能算错。因为前人的口传议论,最终还是以文字形式记载于各类史籍之中。当然,将口述与文献、实物并立而三,也未尝不可。但如顾及"文献"一词的双重含义,那么在概念术语上称其为文字史料似乎更好一些。这不是吹毛求疵,而是为了将类别界限的划分更为清晰明了[2]。

总之,史料的区分乃至类别的命名,大都还是按照约定俗成的做法,并无严密的学理或逻辑上的规则,初学者不可把某一种分类视为标准去套用或解析问题。

---

[1] 黄永年:《学苑与书林》,上海书店出版社,2006,第69-70页。
[2] 从起源上说,口述比之于文字要更为古老,然而,它在史学研究中之所以能异军突起,几与文字史料相提并论,那是与"口述史学"的兴起有关,所以,"口述史学"所使用的口述材料与传统典籍中的"口碑"史料也不尽相同。

▶▶"诗"可入史

说起史料,我们立刻想到"廿四史"之类的史籍,其实,文学作品如"诗",也可以用作史料来佐证史事,它也是史料的一大渊薮。

北宋诗人苏轼,写过一首《石炭》诗,诗题是这样写的:"彭城旧无石炭。元丰元年十二月,始遣人访获于州之西南白土镇之北。以冶铁作兵,犀利胜常云。"[1]这里既有地点,也有时间,正好用来佐证北宋彭城(今江苏徐州)开采石炭(煤)的史事。又如,唐与回纥的丝马交易,《新唐书》《资治通鉴》等都有记载,学者又用白居易的《阴山道》来加以佐证。《阴山道》的诗句"养无所用去非宜"正好与《资治通鉴》"马皆驽瘠无用"互证;"缣丝不足女工苦""内出金帛酬马值""缣渐好,马渐多"等诗句,也可与《新唐书》"时回纥有助收西京功,代宗厚遇之,与中国婚姻,岁送马十万匹,酬以缣帛百余万匹。而中国财力屈竭,岁负马价"等记载互证[2]。由于诗与史籍记载的来源不同,以"诗"入史,就有特别的佐证价值。

"诗"是文学作品,以"诗"入史,需要注意作品的时

---

[1] 苏轼:《苏东坡全集(上)》,邓立勋编校,黄山书社,1997,第196页。
[2] 芮传明:《丝路古史散论》,复旦大学出版社,2017,第55-56页。

间、地点等信息要素。史学家陈寅恪是"以诗证史"的行家里手,他的《元白诗笺证稿》被称为"以诗证史"的典范。陈氏曾为学生开设过一门"元白诗证史"的课程,其中说到用"诗"作史料,须从时间、人事、地理上来确定"诗"之史料信息。他说:

> 中国诗虽短,却包括时间、人事、地理三点。中国诗既有此三特点,故与历史发生关系。把所有分散的诗集合在一起,于时代人物之关系,地域之所在,按照一个观点去研究,连贯起来可以有以下的作用:说明一个时代之关系;纠正一件事之发生及经过;可以补充和纠正历史记载之不足。最重要是在于纠正。元白诗证史即是利用中国诗之特点来研究历史的方法。①

读《元白诗笺证稿》,处处可见作者将时间、人事、地理诸方面相结合,以达到"诗""史"互证的效果。

其实,不光是"诗",与诗同类的文学作品,也能够"入史"。

通常认为,文学是可以虚构的,历史却要写实。那么虚构的文学作品,当然不能用作历史研究的史料。其实

---

① 蔡鸿生:《金明馆教泽的遗响》,《广东社会科学》2005 年第 3 期。

不然,文学虽有虚构,但它的书写也有真实性。关于这一点,梁启超在《中国历史研究法》中说得最好。他说:

> 《水浒传》中"鲁智深醉打山门",固非事实也,但元、明间犯罪之人得一度牒便可借佛门作遁逃薮,此却为一事实。《儒林外史》中的"胡屠户奉承新举人女婿",固非事实也,但明、清间乡曲之人一登科第,便成为社会上特殊阶级,此却为一事实。①

鲁智深、胡屠户都是文学虚构的人物,当然是"非事实";"元、明间犯罪之人得一度牒便可借佛门作遁逃薮","明、清间乡曲之人一登科第,便成为社会上特殊阶级",那都是当时社会状况的写实,当然是"事实"。所以他说:"须知小说者无论骋其冥想至何程度,而一涉笔叙事,总不能脱离其所处之环境,不知不觉,遂将当时背景写出一部分以供后世史家之取材。"②这就是文学作品中的"非事实中的事实、非真实中的真实"。这样的史料,我们可以在文学作品找到不少。比如,元代名剧《感天动地窦娥冤》中,窦娥被冤杀后血溅白练,以至于六月降雪,三年干旱,直到她父亲窦天章任廉访使出巡楚州,冤案才得

---

① 梁启超:《中国历史研究法》,商务印书馆,1933,第75页。
② 梁启超:《中国历史研究法》,商务印书馆,1933,第75-76页。

以昭雪。明代小说《玉堂春落难逢夫》,讲苏三的冤案适逢其丈夫王金龙任监察御史巡查山西,与布政使、按察使"三堂会审"才得以平反。窦娥、窦天章、苏三、王金龙等历史人物及其故事,均是文学虚构中的"非事实",但历史上存在录囚、巡按一类的司法监督制度则是真事实;录囚、巡按制度对于防范地方官员的贪赃枉法,纠正错案、冤案起到一定作用则也是真事实。所以,文学作品也可以"入史"。

陈寅恪说小说证史,强调"个性的不真实,通性真实"[①]。个性不真实,就是小说中的张三、李四及具体的情节,都有可能是虚构,不真实的(其实也有所依据,只是不容易还原);通性真实,就是小说所描述的社会场景、社会一般的状况等,都有真实性。所以,小说入史,也是用它通性真实的材料。不过,在文学作品中取用史料,也当对作者、作品本身有一番深入的研究和了解。二十世纪六十年代,作家浩然写过一部《艳阳天》,书中写某个合作社在麦收以前十五天里发生的一场惊心动魄的"阶级战争",不仅有思想路线上的对峙,还描写了杀人闹事[②]。今天来重新审视这部作品,我们不是质疑书中的人物(如主

[①] 胡文辉编《陈寅恪语录》,上海文艺出版社,2021,第35页。
[②] 夏榆:《浩然,或那个时代》,《南方周末》2008年2月28日。

角萧长春自然是虚构的),而是书中描述的中国农村的一般状况①。与浩然的作品不同,苏联作家索尔仁尼琴的小说受到世人很高的评价,俄罗斯政府曾授予他"俄罗斯联邦人文成就国家奖",称他为"俄罗斯的良心",因为他"看到了真实并写下了真实,因此其作品将永世长存"②。毫无疑问,如果我们想在小说中取材,就要关注后一类小说,而不是用前一类小说。

▶▶一切都是史料

如前所述,史学家吕思勉将史料分为"记载者"与"非记载者"两类,他在"非记载者"里又列出了"法俗"一个小类。什么是"法俗"？吕氏说:

> 法、俗二字,乃历史上四裔传中所用的。这两个字实在用得很好。法系指某一社会中有强行之力的事情,俗则大家自然能率循不越之事,所以这两个字,可以包括法、令和风俗、习惯;而衣、食、住、行等物质生活,在古代,亦皆包括于俗之中;所以这两个字的范围很广,几于能包

---

① 王军:《浩然就是五十年前的周正龙》,《南方周末》2008年3月6日。
② 子雨:《两位作家战士的凋零》,《中华读书报》2008年9月17日。

括一个社会的一切情形①。

换言之,"法俗"一词,就是指现实社会上存在的各种现象。

史学家钱穆也持这种看法,他把现实的社会称之为"无字的天书",对于历史研究者来说,这部"无字的历史天书"的价值远高于"有字的天书"。他说:

> 研究社会史,应该从当前亲身所处的现实社会着手。"历史传统"本是以往社会的记录,"当前社会"则是此下历史的张本。历史中所有是既往的社会,社会上所有则是现前的历史。……以此来看社会,有的习俗流传至今已有几千年以上的历史了……社会就是历史进程的当前归宿。

他呼吁研究社会史的学者,"决不可关着门埋头在图书馆中专寻文字资料所能胜任。主要乃在能从

---

① 吕思勉:《历史研究法》,载《史学与史籍七种》,上海古籍出版社,2020,第12页。德国史学家德罗伊森在《历史知识理论》中也强调现实生活中人们的道德活动(它表现为风俗、习惯、法律、国家组织、教会组织等)是历史研究的重要史料(参见德罗伊森:《历史知识理论》,胡昌智译,北京大学出版社,2006,第23页)。也有学者将此种能够现场观察的"风俗、仪式——集体或单个的行为(劳动的、日常家庭的、节日的、体育的等)",称之为"有行为反应资料"(参见苏共中央社会科学院《科学与教学文献》编辑部编《历史科学·方法论问题》,刘心语译,中国社会科学出版社,1990,第209页)。

活的现实社会中去获取生动的实像。"他把这类实像,称为一部无字的历史天书。此外一切史书著作,只都是"有字天书"。有字天书的价值远不能超过无字天书。①

也有学者,更把"无字天书"的范围扩大到自然界,认为自然界的各种现状也是历史研究可取的史料。比如法国史学家马克·布洛赫认为:

> 历史学家总是按照历史发展的实际方向叙述历史,但在一开始,却往往是倒溯历史的,这样更为便利。任何研究工作,其自然步骤往往是由已知推向未知。……为了阐明历史,史学家往往得将研究课题与现实挂钩。法国农村的地貌形成可追溯到远古时代,然而,为了说明那些指引我们探索渺茫的起源所必需的稀有资料,为了能提出正确的问题,甚至为了知道我们究竟在谈些什么,就必须确立一个基本的条件,那就是先得考察和分析现在的地貌状况。只有通过现在,才能窥见广阔的远景,舍此别无他途。……在历史学家审阅的所有的画面中,只有最后一幅才是清晰可辨的。为了重建已消逝的景象,他

---

① 钱穆:《中国历史研究法》,载《钱宾四先生全集》31卷,联经出版事业公司,1998,第53—55页。

就应该从已知的景象着手,由今及古地伸出掘土机的铲子。①

把"法俗""无字天书",以及自然界的"地貌状况"等视为史料,按其历史信息的属性特征,都应该归入"实物史料"一类。但它们与一般意义上的实物史料又有不同,我们不妨称之为"实物史料"里的"活态史料"。"活态史料"的使用,改变了我们原先对"实物史料"的看法——"死人不会说话,石头不能开口"——现实生活中,"法俗""地貌"都是有温度、有形象的,且活生生地展示在我们眼前,随时随地可供我们体验观察。"活态史料"的使用,也改变了我们治史的观念和思维方法,那就是马克·布洛赫所说的:"只有通过现在,才能窥见广阔的远景,舍此别无他途。……应该从已知的景象着手,由今及古地伸出掘土机的铲子。"②

由今及古、以今测古,就是通过现状去认识历史,把现状用作史料,它可以为我们的历史认识提供一个参照物,提供一个类比推理的依据。对此,吕思勉列出三种思路:

---

① 马克·布洛赫:《历史学家的技艺》,张和声、程郁译,上海社会科学院出版社,1992,第37-38页。
② 马克·布洛赫:《历史学家的技艺》,张和声、程郁译,上海社会科学院出版社,1992,第38页。

（一）法、俗的变迁，有的很迟，所以古代的法、俗，还存在于现在，这固不啻目击的历史。（二）又其变迁，大抵有一定的途径，所以业经变迁之后，考察现在的情形，仍可推想已往的情形。（三）社会进化的阶段，亦往往相类。所以观察这一群人现在的情形，可以推测另一种人前代的情形①。

他举例说："如宜兴某乡，有丧，其家若干日不举火，邻人饮食之，客有往吊者，亦由邻家款以食宿，此必甚古之俗，当考其何自来，并当考其何以能保存至今也。政原于俗。俗之成，必有其故，一推迹之，而往昔社会之情形，了然在目矣。"②关于这一点，马克思曾有很明确的论述，他说：

资产阶级社会是历史上最发达的和最复杂的生产组织。因此，那些表现它的各种关系的范畴以及对于它的结构的理解，同时也能使我们透视一切已经覆灭的社会形式的结构和生产关系。资产阶级社会借这些社会形式的残片和因素建立起来，其中一部分是还未克服的遗物，继续在这里保留着，一部分原来只是征兆的东西，发展到

---

① 吕思勉：《历史研究法》，载《史学与史籍七种》，上海古籍出版社，2020，第12页。
② 吕思勉：《历史研究法》，载《史学与史籍七种》，上海古籍出版社，2020，第69页。

具有充分意义,等等。人体解剖对于猴体解剖是一把钥匙。低等动物身上表露的高等动物的征兆,反而只有在高等动物本身已被认识之后才能理解。因此,资产阶级经济为古代经济等提供了钥匙。①

历史学家要学会从现实中寻找史料,他必须热爱生活、感受并理解现实的生活。这种"由今及古"的能力,被视为历史学家最主要的素质之一。也正是在这一点上,我们可以看出历史学家与文物收藏家、古董迷的真正区别②。

▶▶什么是一手史料?③

一手史料,是对应于二手、三手等转引史料而言,意指史料的原始性或直接性。那么,怎样的史料才能称它为一手呢?我们借用一则历史习题来解读说明。有一则关于"特洛伊"的选择题,题目是这样的:

对于研究古代特洛伊战争具有第一手史料价值的作品是(　　)。

---

① 马克思、恩格斯:《马克思恩格斯全集》第 46 卷上,人民出版社,1979,第 43-44 页。
② 马克·布洛赫:《历史学家的技艺》,张和声、程郁译,上海社会科学院出版社,1992,第 36-37 页。
③ 本节参考朱伟明:《关于历史研究中一手史料的几点辨析》(《历史教学》2013 年第 3 期)一文,特此感谢。

A.《希腊史》(格罗特著)   B.影片《特洛伊》

C.油画《帕里斯的裁判》   D.《荷马史诗》

此题的正确选项是 D[①],然而不少考生选择了 A。为什么会选错答案?这是对一手史料的误判所导致的。

在学术史、思想史的研究中,一手、二手史料的研判是比较容易的。比如,格罗特是十九世纪英国的史学家,他是一位严谨的学者,是"一个很有威望和十分值得信任的证人"(恩格斯语),他的《希腊史》以材料丰富、考证精审而受到学界赞誉。但是,如果我们研究古希腊的特洛伊战争,仅仅在格罗特的《希腊史》中摘取史料,那只是使用了二手史料。在学术研究中,引用二手史料的情况也很常见,尤其因条件的制约,一手史料不可得,往往只能运用经过转手的史料(当然需要加以注明)。格罗特的《希腊史》有很好的学术声誉,他的学术著述(资料或观点)常被后人所引用。如恩格斯的《家庭、私有制和国家的起源》,就引用了他这部著述中的一些资料和结论。但

[①]《荷马史诗》"也是代代相传的神话传说之结晶"(吴晓群:《古代时期》,载张广智主编《西方史学通史》第二卷,复旦大学出版社,2011,第15页),但它自有渊源,然而经过许多次转手,它的源头早已亡佚,从史诗的留存状况来看,传世的《荷马史诗》已是传存中的最早源头,故也可称它为一手史料。

这样的引用只是属于二手史料。

很显然,一手史料,就是没有经过转手的史料。这样说来,上文的"如果研究格罗特本人的史学思想,这部《希腊史》就是一手史料"的说法,也不太正确。如果我们使用的是《希腊史》的中译本,那就不能称其为一手史料。因为语言的转译也是一种转手,也会产生一些差异甚至误译。总之,史料的一手、二手,需要从它是否经过转手来判断,严格意义上的一手史料,只能指那些未经转手的史料。

按照上文的逻辑,研究司马迁的史学思想,《史记》自是一手史料;借助《史记》来研究西汉历史,那它应该是二手史料。但为什么我们常说《史记》是研究西汉的一手史料呢?这就牵涉判断一手史料的另一个依据。

众所周知,《史记》的编撰运用了大量当时所能看到的原始史料。这是因为司马谈、司马迁父子都担任了太史令一职,这为他们阅读、利用宫廷保存的许多原始史料提供了便利。吕思勉撰有一篇读史札记,题为《本纪世家皆〈史记〉前已有》,认为在《史记》之前,已经有本纪、世家这种体裁的历史资料。《史记》的编撰大量录用了这些原有的史料。读《史记》的记事,你会发现它的叙事有很多重复,常常详略不均;有时是以人为主,有时以事为主。

其实,这主要是因为前代留存的史料本是如此。"如其说是好的,史公不应尽冒其功;如其说是坏的,史公不能尽尸其咎。"①一些专门研究史籍的著作,如《史籍举要》(柴德赓著)、《中国古代史籍举要》(张舜徽著)等,对《史记》所用之史料来源都有详尽的辨析②。由此而论,运用《史记》作为史料去研究西汉,自然也不能径直地称其为一手史料。但是,《史记》所本的原始史料有许多都亡佚了,对今人来说,《史记》所载的已是最接近于源头的材料,就此而言,我们也就称其为一手史料。

其实,非但《史记》有这种情况,"二十四史"的大部分都是这种情况。如成书于后晋的《旧唐书》,治唐史者无不称其为一手史料。但是,据史学家赵翼的考证,《旧唐书》的史料,尤其是它的前半部,大都取自当年的《实录》和《国史》。唐朝的《国史》是以《实录》为原始资料加以编撰的,而《实录》则是朝廷史官(起居令史)实录的帝王言行。所以,如果我们研究唐代历史,与其称《旧唐书》《国史》是一手史料,倒不如说这些《实录》是一手史料。无奈唐朝的《实录》,除了韩愈所撰的《顺宗实录》还在,其他早

① 吕思勉:《〈古史家传记文选〉导言》,载《吕思勉论学丛稿》,上海古籍出版社,2006,第572页。
② 柴德赓:《史籍举要》,北京出版社,1982,第2-3页。

都亡佚了;《国史》仅韦述所撰的部分,撰《旧唐书》的刘昫还能看到,其他的也都散失了。唐之《实录》《国史》亡佚而不可见,而部分保存了《实录》《国史》之原始史料的《旧唐书》,则成为我们今天研究唐史的一手史料。

然而,以同样的逻辑来推论《清史稿》却不恰当。据柴德赓的研究,《清史稿》所使用的史料是极其丰富的,有清一代国史馆的国史底本、各朝实录、圣训、方略、会典、方志,以及《清史列传》《耆献类征》《碑传集》等各种文集,都是撰史者的原始史料。由于年代较近,《清史稿》所本的原始史料有不少至今还保存完好,这就使得今日的文献整理研究者可以依据上述材料与《清史稿》做互相校勘。明白了《清史稿》与其原始史料的关系,以及这些原始史料的保存情况,我们自然就不会径直地称它为一手史料。所以,柴德赓在《史籍举要》中论说《清史稿》的史料来源时说:"《清史稿》在其中最概括简略,是转手多次以后的资料。"①

总之,一手史料就是指未经转手的原始史料,或者是原始史料已经亡佚,最接近于源头上的史料。从这个意义上说,一手、二手史料大致与原始与非原始史料、直接

---

① 柴德赓:《史籍举要》,北京出版社,1982,第161页。

与间接史料是同等含义的概念术语。史学研究很重视辨析史料的一手与二手，但把一手史料等同于真实史料，那就把史料的真实性问题看得太简单了。

▶▶原始史料可靠吗？

历史研究非常强调运用一手史料，这是因为一手史料是史料的原始状态，原汁原味，未有转手；而史料一经转手，就有可能发生这样那样的错误，所谓"书三写，鱼成鲁，虚成虎"，就是辗转引用而出现的错误；即使引用上无误，引用本身也难免会断章取义，这就隐含了引用者的主观意图，需要回到史料的原文，才能看到它原始的面貌。所以，严耕望说，历史研究者要"尽可能引用原始或接近原始史料"，这应该成为每一个研究者所遵守的原则[①]。不过，我们也当注意，不能因强调一手史料、原始史料而变成对一手、原始史料的"崇拜"。

对一手、原始史料的"崇拜"，最常见的表现就是对一手、原始史料的正确性、可靠性过于信赖，把一手、原始史料等同于正确、可靠的史料。如上文说到的历代"实录"，

---

① 严耕望：《怎样学历史——严耕望的治史三书》，辽宁教育出版社，2006，第40页。

它当然是一手、原始的资料，但我们不能因为它的一手或原始来推断它的可靠性。"实录"中的"起居注"专记君主每天的起居言行，可说是皇帝的言行录，由朝廷史官负责记载，所记载的内容，皇帝也不能过目，这就为史官的"秉笔直书"创造了条件，用作史料，其可靠性当然就很高。然而，皇帝不能观看"起居注"的规则，到唐代被破坏了。唐太宗坚持要看"起居注"，史官不得已，便将"起居注"删改为"实录"给他看。自此以后，皇帝观看"起居注"遂成常态。"起居注"一经皇帝寓目，其真实性自然大打折扣了，先前良好的实录制度也遭到破坏。

文字史料（口述史料也是如此）总离不开记事之人，所以记事者的一些主观因素也会影响一手史料的真实性。比如，研究中国近代的戊戌变法，康有为的《我史》、梁启超的《戊戌政变记》自然都是一手史料。然而至戊戌变法二十年后，梁启超就自言："吾二十年前所著《戊戌政变记》，后之作清史者记戊戌事，谁不认为可贵之史料？然谓所记悉为信史，吾已不敢自承。何则？感情作用所支配，不免将真迹放大也。"① 二〇〇九年出版的《从甲午到戊戌：康有为〈我史〉鉴注》，作者茅海建通过详尽的考

---

① 梁启超：《中国历史研究法》，商务印书馆，1933，第138页。

证,认为"康在《我史》中所记录的事件大体是可靠的,其之所以认为不可信,在于他用张扬的语词,在每一件事情上都夸大自己的作用,并尽可能地将自己凌驾于当时朝廷高官之上"。这种"叙述方式过于自夸,康有意作伪者,仅是少数"①。然而,这些少数的"粉饰""张扬",足以影响了史料的真实性。还有日记,毫无疑问也属于一手、原始史料,但如径直地把它视为真实、可靠的史料,全按日记中的记载来复原作者或史事,那就只能看到历史人物或史事的一个侧面,即作者愿意让世人看到的一面,尤其是那些生前就准备或想好要出版的日记。学者吴宓在日记中写道:"使吾之日记,无不可为人见者,且当有永久之价值。"②日记中"无不可为人见者"的记载,即便全是真实,也只能复原作者愿意让人见到的真实。

史料的原始性不能等同于它的真实性,有时还与史料本身的性质有关。这在先秦诸子的史料上体现得最为突出。读诸子史料,要区分其记言和记事的不同写法,记言部分自然反映诸子的思想,记事部分有些则属

---

① 茅海建:《从甲午到戊戌:康有为〈我史〉鉴注》,生活·读书·新知三联书店,2018,第 14 页。
② 吴宓:《吴宓日记(1910—1915)》第一册,生活·读书·新知三联书店,1998,第 377 页。

于寓言，不可信为史实。《韩非子·二柄》云："昔者，韩昭侯醉而寝，典冠者见君之寒也，故加衣于君之上。觉寝而说，问左右曰：'谁加衣者？'左右对曰：'典冠。'君因兼罪典衣与典冠。其罪典衣，以为失其事也；其罪典冠，以为越其职也。非不恶寒也，以为侵官之害甚于寒。故明主之畜臣，臣不得越官而有功，不得陈言而不当，越官则死，不当则罪。"许倬云的《历史分光镜》在引录此段文字后说："此事不必真有，纵有，不必真如此；然而，其中揭出不得侵官的观念，反映官僚制度运作秩序的重要性。"①换言之，《二柄》所记之事未必为事实，但其所述之观念确是事实。所谓"不得侵官"，说其是当时政治操作的实态，未必为事实；说是当时法家学说之理想，则确是事实。看似纪实，实非真实，这是子部史料的特殊性。吕思勉曾说："诸子中之记事，十之七八为寓言；即或实有其事，人名地名及年代等，亦多不可据；彼其意，固亦当作寓言用也。据此以考事实，苟非十分谨慎，必将治丝益棼。"② 这种情况在我国的集部著述中也同样存在。

对一手史料的"崇拜"，也常常表现为对实物史料的

---

① 许倬云：《历史分光镜》，上海文艺出版社，1998，第62页。
② 吕思勉：《先秦学术概论》，载《中国文化思想史九种（下）》，上海古籍出版社，2020，第473页。

正确性、可靠性的过于信赖,以致把实物史料等同于正确、可靠的史料。有位教师在课堂上讲授史料的考证,最后列出几条总结性的原则:"实物史料和文献史料的关系或运用原则(实物史料价值最大):(1)实物史料和文献史料可以相互补充、相互印证(互证);(2)实物史料可以补充文献史料的不足或疏漏(补证);(3)实物史料可以证明文献史料的真实性或矛盾之处(证实、证伪);(4)文献史料对实物史料的整理、考证、研究等方面也起着一定的作用。"把这样的原则教给初学者,其实并不妥当。考察史料的价值,首要的是考察史料的正确性、真实性。实物史料与文字史料相比,何者的价值更大,何者更为正确、更为真实可靠?这要放在具体的研究课题和研究语境中才能进行比较,并不存在抽象的原则或公式。对于初学者来说,特别要注意不能把此类总结语用作公式去解答历史的习题。有时,实物史料的不真实、不可靠也是显而易见的。比如,发现于一九七八年的湖南益阳兔子山秦简,其中有一简所记载的是秦二世继位第一个月发布的诏书:"天下失始皇帝,皆遽恐悲哀甚,朕奉遗诏,……元年与黔首更始,尽为解除流罪,今皆已下矣。"[1]这份秦简是

---

[1] 湖南省文物考古研究所、益阳市文物处:《湖南益阳兔子山遗址九号井发掘简报》,《文物》2016年第5期。

出土的真物,简文上的记载也未经转手改窜,但我们能否凭"朕奉遗诏"四个字,就可以相信秦二世是继位而非篡位,就认为秦简可以推翻《史记》有关秦二世篡位的记载呢?自然不能!试想:篡位的秦二世皇帝怎么可能在发布的诏书中承认篡夺皇位呢!他当然说"朕奉遗诏"。所以,实物史料也不能等同于真实、可靠的史料,更何况实物史料也有出于某些意图而伪造的。

▶▶史料的意图

史料有意图吗?这自然是问史料有没有记载者、留存者的"意图"。

毫无疑问,文字史料是人书写的,口述史料是人们口耳相传的,都不可避免地带有书写者、口述者的"作者意图"。其他如图像史料(绘画、雕刻、古地图、照片[①]等)和音像史料(录音、录像等),也是如此:绘画、雕刻都是画家、雕刻家的制作品,自然有"作者的意图"的掺入;照片、录音与录像等虽然都是真实场景的实况实录,但它们都是由摄影师、录

[①]有的书上,在图画史料之下列出绘画、雕刻、照片三种,然而就历史信息的呈现方式而言,照片与录音、录像同类,而与绘画、雕刻之类的史料稍远。〔见教育部基础教育课程教材专家工作委员会普通高中课程标准修订组:《普通高中历史课程标准(2017年版2020年修订)》,人民教育出版社,2020年版,第38页。〕

音师摄录制作的,我们不能因为它们是真实场景的实况实录而忽视其"作者的意图"——即使如摄影时的取景、角度、光线明暗的处理等,无一不隐含着摄影者的"意图"。

实物史料有没有"作者意图"？这不能一概而论。如绘画、雕刻、古地图等就存在"作者的意图",但凡经过人为加工的史料,难免就会程度不同地带有"作者的意图"。而实物史料中的人类化石(如元谋人的牙齿、北京人的头盖骨),它们并不是某某人的制作品,故谈不上什么"作者的意图"。近年来,学者运用分子遗传学的方法,提取现代人身上的DNA来研究人类的起源,这个DNA也就成为实物史料的新品种,它同样也没有什么"作者意图"可言。不过,现在流行有意给后人进行历史研究而留下的"时间胶囊",虽也属实物史料,但它与文字、口述史料一样带有明显而强烈的"作者意图"。

英国史学家爱德华·霍列特·卡尔的《历史是什么？》里,论述了史料的"作者意图"对后人研究历史的影响。他说：

我们所知道的关于公元前五世纪希腊的情景是有缺点的,这主要不是因为许多部分已偶尔丧失,而是因为大体说来这种叙述是由雅典一小部分人作出的。……我们

看到的这幅图景是为我们预先选择好、决定好了的,而且与其说是偶尔选择决定的,倒不如说是由一些人选择决定的。这些人有意无意地受一特定观点的影响,并且认为支持这一特定观点的一些事实是有保存价值的。……这些人相信这一点,而且要求别人也相信这一点。①

这里所说的"为我们预先选择好""选择决定的""有保存价值的"等,就是史料在留存时包含的"作者(留存者)意图",而后人只能依据这些"预先选择好""选择决定的"史料去复原希腊历史。讨论史料的"意图",就能明白历史认识的另一种局限性,就能对我们的历史认识多一份警觉与清醒。

其实,不仅史料的留存有"意图",史料的引用也有"意图"。历史研究离不开史料,然而史料一经引录运用,就带有引录者、运用者的主观意图。我们知道,史料的运用过程,也就是史学家选取史料,将它们编入自己的叙事结构的过程。在这个过程,史学家固然要分析史料的原始含义,同时也要考虑史料与自己的论证逻辑、诠释理论,以及叙事主题的契合关系。这一过程的每一

---

① 爱德华·霍列特·卡尔:《历史是什么?》,吴柱存译,商务印书馆,1981,第 191-192 页。

环节,都会掺入历史学家的意图、目的、思想等主观因素(当然,在史学家的背后,还有他所生活的那个社会、时代等因素)。撇开运用过程中的删改不论,即便只做文字上的节录选编,也会使文本的原意发生微妙的变化。比如史学家王国维论"二重证据法",学界一般引录他在《古史新证》里的一段叙述,常见的节录是这样几句(下文简称"节录一"):

吾辈生于今日,幸于纸上之材料外,更得地下之新材料。由此种材料,我辈固得据以补正纸上之材料,亦得证明古书之某部分全为实录,即百家不雅训之言亦不无表示一面之事实。此二重证据法,惟在今日始得为之。

也就是引文始于"吾辈"而止于"始得为之"。查《古史新证》原文,较为完整的引文应该是这样的(下文简称"节录二"):

至于近世,乃知孔安国本《尚书》之伪,《纪年》之不可信。而疑古之过,乃并尧舜禹之人物而亦疑之。其于怀疑之态度及批判之精神不无可取,然惜于古史材料未尝为充分之处理也。吾辈生于今日,幸于纸上之材料外更得地下之新材料,由此种材料,我辈固得据以补正纸上之

材料，亦得证明古书之某部分全为实录，即百家不雅训之言亦不无表示一面之事实。此二重证据法惟在今日始得为之。虽古书之未得证明者不能加以否定，而其已得证明者不能不加以肯定，可断言也。

如将"节录一"与"节录二"加以比较，我们就可以发现，两则节录文字所表达的含义是有差异的。尤其是"节录二"最后的"虽古书之未得证明者不能加以否定，而其已得证明者不能不加以肯定，可断言也"几句，不仅与上文叙述逻辑不合，甚至与"二重证据法"的精神相悖。其实，"节录二"也只是节录，如果我们要了解王氏原文的完整含义，"节录二"之前还有一大段的文字不可不读。通读原文，不仅王氏的论证逻辑有矛盾，甚至还有几分"信古守旧"的意味①。王氏著述的原文该如何节录，这背后就隐含着史料运用者的不同"意图"。

现今，随着历史研究与历史教学的发展，学会"在辨析史料作者意图的基础上利用史料"已被列入中学历史课程的教学目标②。然而，史料的"意图"是复杂和多样

---

① 黄永年：《文史存稿》，三秦出版社，2004，第558-559页。
② 教育部基础教育课程教材专家工作委员会普通高中课程标准修订组：《普通高中历史课程标准（2017年版 2020年修订）》，人民教育出版社，2020，第43页。

的,这里也不存解题的公式,并不能用演绎的方式去做"凡是什么,就是什么"的史料"意图"辨析。文字、口述史料的"作者意图"是明显的,但也不能用"凡是文字、口述史料,就一定带有作者意图"去解读。比如,研究汉代土地买卖中的地价问题,研究者常常感慨资料的稀少,《汉书》中仅有的四五条,也是记人记事时附带叙述的,即便记录了也是语焉不详[①]。这些地价史料的记载,就说不上有什么特别的"意图"。有鉴于此,史学家马克·布洛赫就特别强调"无意史料"的价值[②]。按史料的"意图"区分其"有意"与"无意",这也是考察史料价值的一种好视角。不过,"有意"与"无意"也不能死板地与史料的真实性、可靠性画上等号。

[①] 李振宏:《历史学的理论与方法》,河南大学出版社,1999,第192页。
[②] 马克·布洛赫:《历史学家的技艺》,张和声、程郁译,上海社会科学院出版社,1992,第50页。

什么是历史学?

史家工作

夫《春秋》,上明三王之道,下辨人事之纪,别嫌疑,明是非,定犹豫,善善恶恶,贤贤贱不肖,存亡国,继绝世,补弊起废,王道之大者也。

——司马迁

▶▶ **史料的搜集**

任何一项历史研究,都是从搜集史料开始的。一般史学方法论的著述,都设有专章介绍史料搜集及其方法。

史料的搜集,有时又写作收集,"收集"与"搜集"含义相近而稍有不同。正好用来讨论两种不同情况和方法。有时,我们并没有明确的研究目的或研究课题,但也需要有意识地随时做些史料的收集和保存。比如,收集、保存家庭的档案,整理保存好个人的文件资料,等等。这种"史料的收集",对于初学者来说,是一项有意义且容易上手的学习和训练。相对于研究性的搜集,生活中的"史料收集"是人人都会遇到、都该学一学的方法。"搜集"比之于"收集",多了一层寻找搜索的含义,那就是史学家所做的"史料搜集"的工作了。

对于史学研究而言,史料之所以不是简单的收集,而是搜集,那是因为史料浩如烟海,且散乱而无系统,要在其中找到我们需要的材料,需要有一定的搜索方法,懂得搜集的路径和方向。就实际的研究过程来说,史学研究是因问题而引起的,没有问题,也就没有研究,更谈不上史料和史料的搜集。所以,史料的搜集的实际起点是问题,搜集的过程也是由问题来引导的。因问题的引导,循着史事本身的线索,以及信息留存的大致路径、方向去寻找史料。这是史料搜集的正道,也是史料搜集的基本方法和思路。下面,借助一个具体的史学考证来说明它的具体操作。

有本《吕思勉先生编年事辑》,录有吕思勉一九一五年写的一首《吕博山招同屠归父童伯章庄通百李涤云夜饮》的诗(下文简称《夜饮》),诗是这样写的:

毗陵胜事梦多年，始此来游十月天。玉局先生烟雨际，荆川古宅菊花边。

阆风玄圃知何处，玉佩琼琚响四筵。老境笑人无分在，黄昏犹自越寒阡。①

细细体会《夜饮》的诗句，笔者怀疑这首诗不像是吕思勉的作品（有怀疑，才需要去研究）。毗陵是常州的古称，吕思勉是常州人，他当时虽在上海工作，但妻子、小孩儿都在常州生活，两地相隔很近，当时交通也还是方便，所以经常回家省亲，怎会说"毗陵胜事梦多年，始此来游十月天"？这时（一九一五年）吕思勉刚三十出头，这一年妻子生育了一个儿子，怎会说"老境笑人无分在，黄昏犹自越寒阡"？由此产生了怀疑：这首诗不像是吕思勉所作？诗题中吕博山究竟是谁？

先查找吕思勉使用过的各种笔名。寻找、核对吕氏文稿中的各种署名，但并没有"吕博山"一名。

如果这首诗是吕氏所作，那么应该在他的诗作或其他手稿中会有抄录。于是，再查找吕氏的诗作及其文稿，也未见这首《夜饮》诗。

---

① 李永圻编《吕思勉先生编年事辑》，上海书店出版社，1992，第60页。

诗题中几位人物,屠归父就是吕思勉的老师、元史名家屠寄,童伯章、庄通百、李涤云是吕思勉的同乡好友。须寻找这几位师友的资料,看看有没有直接或间接的相关线索。结果,发现在民国初年,吕氏与屠寄以及流亡在南通的韩国学者金泽荣有很频繁的交往。于是,便顺着线索寻找金泽荣的材料。金泽荣,字于霖,号沧江,流亡中国之后,经张謇的安排,在南通翰墨林印书局做编校工作,而吕思勉也曾在南通国文专修馆任教。这就需要到南通找材料。

南通的资料会保存在哪里?最有可能的是在档案馆、博物馆、图书馆等保存资料的机构里。最终,在南通博物苑找到了馆藏的《金沧江文集》,其中有一首题为《寄吕博山诚之》的诗。诚之,是吕思勉的字,显然吕博山就是吕思勉。但《文集》中未见《夜饮》诗。金氏是韩国的文化名人,他的著述在韩国已经有系统的整理和出版。于是,托友人在韩国(图书馆)找到了《金泽荣全集》,在金氏的诗集中找到了这首《夜饮》诗,诗题是《余之在常州吕博山诚之为余置酒招屠敬山童伯章李涤云以助欢追赋其事以谢之》。依据这份材料,笔者就可以断定:《夜饮》是金泽荣所作,而吕博山是吕思勉的曾用名。

不过,搜集到的史料都还是他人的引称,吕氏的著述

有没有署名吕博山的？这就需要再回过来查找吕氏的各种已刊未刊的文稿。借助网络电子库的检索，找到了《东方杂志》一九一五年第一期上有一篇署名"博山"的《全国初等小学均宜改用通俗文以统一国语议》（下文简称《统一国语议》），这篇文章正好存有吕氏的手稿，将刊印稿与手稿比对，内容文字完全一致，这就佐证了上面的推论。

因查《东方杂志》，发现《统一国语议》原是为杂志社举办的"悬赏征文"而作，且获得此次征文的甲等奖。又发现此次征文，吕氏还提交了另外两篇文章，一篇是获得乙等的《禁止遏籴以纾农困议》，此文也在吕氏遗稿中找到手稿；另一文是列入酬谢"杂志半年"的《中国货币小史》。后两篇文章《东方杂志》并未刊出，而《中国货币小史》在吕氏的遗稿中也未留存。这篇佚文会在哪里呢？这又是一个问题，也是又一次史料搜集工作的引子[①]。

借助上面的案例，可以对史料的搜集方法做三点小结[②]：

（一）按照史事本身的线索来搜集相关的史料。史料是史事留下的痕迹，只有按照史事本身的演化线索，循着

[①] 张耕华：《吕博山是吕思勉的曾用名》，《书城》2019 年第 2 期。
[②] 吴泽主编《史学概论》，安徽教育出版社，2000，第 191-192 页。

史事本身的各种联系,才是搜集史料的最佳思路,也是最便利的路径。这是史料搜集的正路大道。

(二)按照图书目录去寻找搜集相关的史料。无论是文字、口述史料,还是实物史料,最终都会在书籍中有所记录,而书籍的阅读利用,又需要以图书目录为向导。比如在上文案例中,因为金泽荣流亡在南通,需要去南通寻找金氏活动所留下的踪迹,而此类踪迹最有可能保存在档案馆、博物馆和图书馆所收藏的资料里。所以,史料的搜集也须有图书目录的引导。古人说"凡读书最切要者,目录之学。目录明,方可读书;不明,终是乱读",说的也是这个道理。

(三)根据引注寻找史料。无论是找到的书籍,还是文件档案,都需要仔细阅读文本,留意书中引用的他人、他书的材料。一般说来,书中引用的材料都注明它的来历。这样,读一本书就能浏览到多种书上的材料,就可以从引文、注文的线索来寻找原书。这也是搜集史料的一个途径。前人称这种方法为辑佚,用来辑成许多佚书。不过,用这种方式搜集到的史料,必须核对原文,因为引文、注文或许会有误,不查原文,使用时就会发生错误。

已经搜集到史料,要按学术的规范加以抄录保存。

通常的原则：应直录原文，不能断章取义，尽可能地将前后文一起抄录下来，以免日后使用时发生误解。应注录史料的来源，包括作者、书名、出版单位、出版年月、版次、篇名、页码等，以便日后复核。转引的材料，当复查原书，原书不能找到的，须注明"转引自某书"等。按照学术规范来抄录史料，当在初学时养成习惯，这可避免许多无谓的差错，能收到事半功倍的效果。

▶▶ 训诂、校勘与辨伪

从逻辑上说，只有读懂了材料，才能确定它是不是我们所需要的史料。所以，读懂史料与搜集史料是同时进行的，是同一个过程的两个侧面。而分出先后，那是为了讲解上的方便。各种不同类型的史料，需要用各种不同的方法才能读懂它。如以接触最多、使用最频繁的古代典籍而言，训诂的工作，是帮助我们扫除阅读障碍的一项基础性研究。

在历史学中，训诂研究是史料学的一个重要的分支。训，是用通俗易懂的话来解释一些难懂的词义；诂，是用现代语言来解读古书的语言。其目的都是扫除阅读上的障碍。古书的阅读障碍，通常是这几种原因造成的：（一）因无段落、句读的标志带来的阅读理解上的困难。《论语》中有一句"民可使由之不可使知之",原文没有句读,后人理解起来就有困难且产生分歧:有断为"民可使由之;不可使知之"的,有断为"民可,使由之;不可,使知之"的。断句不同,读出来的含义也就不同①。(二)因词义上的变化而带来的理解困难。如"朕"一词,原是男子自称,人人可用;后来为皇帝所专用,是皇帝的自称。"江",原是专指长江,后来泛指一切江河。"走",原意是快跑,而现在则与"跑"对举,泛指行走。这都需要有专门的解读。(三)因专用术语而造成的理解困难。《汉书·地理志》有一句"提封田一万万四千五百一十三万六千四百五十顷……"这里的"提封"是什么含义?"提封田"会不会是一种土地制度的名称?这也给后人的解读带来了困难②。《汉书》里有"复其身""复其身几岁"等记载,这个"复"字,是免除徭役,还是释放奴婢的身份?训诂学的研究,就要把未曾分段的、未有标点的材料加以分段、加上标点;对有含义变化的词语,或古代的专用名词加以注释说明,目的是扫除后人阅读、理解上的障碍。

历代传承下来的典籍,或有记载、流传时的误写、误

---

① 白子超:《民可使由之》,《新民晚报》2005年7月29日。
② 王煦华:《战国到西汉未曾实行"提封田"的田亩制度》,《历史研究》1986年第4期。

记,这是无意造成的错误;或有记载者和流传者有意作伪或有意改窜。在历史学里,前一类的错误,通常由校勘研究来解决;后一类的错误,则是辨伪研究的任务。

传统的校勘学主要针对古书在抄写、翻刻中出现的"脱"(脱漏,或脱字,或脱文)、"衍"(增添,或添字,或添句)、"误"(误写、误刻,或字形相近而误写,或将二字合为一字,将一字分为二字)、"倒"(颠倒,或文句颠倒,或段落错乱)等错误。其实,即便是近现代的文字史料,此类错误也同样存在。杨绛《干校六记》"小引"有一句"《浮生六记》——一部我不很喜欢的书",初版时就误印为"我很喜欢的书"。又如一九五九年版的《柳亚子诗词选》,有一首《赠邓小平》七律诗,后来与原稿勘比,才发现这首诗的题头应是《赠邓子平》,刊印时因字体相近而误刻成"邓小平"。史料校勘的目的,就是要订正它在流传过程中产生的错误,恢复史料的原貌。不过,有些校勘研究也会将古书原有的错误加以改正。所以,使用者如看重史料的原始性,以史料的"原汁原貌"为贵,那就采用前一种研究成果;如以史料的正确性为佳,那就采用后一种研究成果。

史料的真伪,也是使用前首先要考察的问题。史料的作伪,大致出于四种原因:(一)托古。古人出口动笔,总喜欢借名人以自重。于是,《本草》托名于神农,《医经》

托名于黄帝,《周礼》托名于周公,等等。这是古书作伪的一个原因。(二)争胜。文人学者互相论辩,不惜窜改史实,伪造史书,用作论辩时的根据。如三国时的王肃,为了辩难郑玄,就伪造《孔子家语》等书。六朝隋唐时佛道争胜,各自也伪造了许多古书。(三)邀赏牟利。古代社会,因战争或自然灾害等,古书典籍散佚严重,于是常由官方以优厚条件向民间征求私家藏书,以充实天府。这便为造伪邀赏者开了门路。邀赏者或为求名,或为牟利,结果产生了一大批伪书。(四)掩饰。掩饰就是记事时掩盖或粉饰某些丑事、错误,或是将史实进行窜改。史料的辨伪,由来甚久,至明清时出现了许多辨伪大家。如胡应麟著有《四部正讹》,辨析伪书达一百多部,还提出了"辨伪八法"。近代学者梁启超在《中国历史研究法》中将胡氏的研究发展为"辨伪十二法",总结成辨伪研究的方法论原则。梁氏的《中国近三百年来学术史》附有一份伪书及疑伪书的目录,另外,黄云眉的《古今伪书考补证》、张心澂的《伪书通考》等都可用作辨伪研究的工具书。

史料的作伪,不仅见之于文字史料,而且实物史料也有作伪的现象。甲骨文刚发现时,就有人专门伪造甲骨刻辞。德国的一位文物商人,曾伪造过《希特勒日记》;日本考古学界也曾发生过伪造考古现场和出土实物的事

情。需要注意,史料的真伪是相对而言的。某一史料的记载,对于此事是伪,但对于彼事(作伪的事情)则是真。正如史学家陈寅恪所说:"伪材料亦有时与真材料同样可贵。"[1]有伪的材料正是作伪史实的证据,所以"伪史料"也同样可以视为"真材料"!

除了训诂、校勘与辨伪,还有许多分门别类的研究,如以碑铭为对象的碑铭学,以档案文书为对象的档案学、文书学,以古书纪年为对象的年代学,以及纹章学、钱币学等,也为寻找、鉴别史料提供了重要的帮助。在历史学里,史料的研究与史事的研究并不能泾渭分明地分成两截,鉴别了一份史料的真伪,也就是确定了一件史事的真相,只是研究目的上各有侧重而已。

▶▶从史料中读出史事

如前所述,史料之所以能充当历史认识的"中介",那是因为它携带了历史的信息,研究者借助这些信息,可以复原已经过去的史事。然而,"石头不会开口,死人不会说话",史料本身是不会说出史事的,这就需要研究者用专门的方法、技能来提取历史的信息,从史料中读出

---

[1] 陈寅恪:《金明馆丛稿二编》,上海古籍出版社,1980,第248页。

史事。

一件石器,唯有考古学者能区分石器上的痕迹是天然的还是人力撞击而来的,从而鉴别出哪些是早期人类使用的石器工具,进而读出当时社会或生产状况。一件青铜器,唯有青铜专家能够分析青铜器皿的金属成分、合金的比例,从而推测当时青铜冶炼的水平和技术,还能根据金属的成分品相,推测原料的采集地点。研究者运用专业的方法、技术,甚至动用专门的测量仪器,才能让石器、青铜之类的实物史料显现它的历史信息,读出其背后的历史故事。文字史料的信息解读,虽然不必动用设备仪器(除非把古书当作实物来研究),但也需要有一定的方法、进行一系列的追问,才能从史料中读出史事。

比如,一九三六年的《光华大学半月刊》刊有一篇吕思勉写的《吃饭的革命》。此篇文章原是吕氏向光华大学行政委员会提出的有关食堂改革的建议,其中有一段文字是这样写的:

> 我以为,我们要:(一)造一所清洁的食堂和厨房,其中最要之义,是要有严密的障蔽,使蚊蝇不得入内。(二)我们洗涤碗箸,是要用煮沸的方法。凡用过的碗箸,先放在清水中略涤,次即投入特制的釜中,加以煮沸。再放入

沸水中涤一过,取出任其自干,而不必用布揩拭。——因为布反或不洁,揩拭的人的手,也容或不洁。(三)我们的吃饭,是每天只有几种菜。譬如今天所吃的是(A)牛肉,(B)猪肉,(C)鸡卵,(D)青菜,(E)豆腐;那就只有这五种。或者这五种原料所配合而成的菜,不但原料限定,就做法也是一定的。今天只有猪肉青菜的合制品,就没有猪肉豆腐的合制品了。如此,菜可以预先做成,免得临时做起来。①

读这一段文字,我们可以获取哪些历史信息呢?从字面(或说正面)看,史料的信息是清楚的:有时间信息(一九三六年),有地点信息(上海,光华大学),有人物(建议者吕思勉、光华大学校领导),有具体内容(建议一、二、三),等等。这些文字信息可以帮助我们复原史事的正面情形。除了文字正面所陈述之外,我们还要读出字面上未写出的情形。这就需要对史料做进一步的追问和推论:一是光华大学的食堂,卫生状况一定堪忧,即便蚊蝇不是"满天飞",至少也缺乏防止的措施和办法;二是洗涤的碗箸,一定是由员工用不洁的抹布揩拭,结果洗过的碗箸反遭污染;三是食堂并无菜单,菜肴均是现炒现卖。现

---

① 吕思勉:《吃饭的革命》,载《吕思勉诗文丛稿(下)》,上海古籍出版社,2020,第 604-605 页。

炒须要等候,所以吃饭花费的时间一定不少;等等。这些有关光华大学食堂的状况,都是字面上未曾写出的,或语焉不详的,但读者自可做出这一番追问与推论(否则这份建议就无的放矢了)。

总之,从史料中读出史事,不仅要读出正面的情形,还要能读出背面的情形,即文字未曾提及但隐含在文字背后的史事。这是历史研究所必需的。下面以《三国志》的一段史料,看看史学家是如何从史料中读出史事多个面相。

《三国志·魏书·袁涣传》云:"(袁涣)拜为沛南部都尉。是时新募民开屯田,民不乐,多逃亡。涣白太祖曰:'夫民安土重迁,不可卒变,易以顺行,难以逆动,宜顺其意,乐之者乃取,不欲者勿强。'太祖从之,百姓大悦。"

《袁涣传》这一段史料,大意是:开始征募百姓屯田,百姓不乐意,大多逃亡。袁涣对太祖(曹操)报告:"百姓安于乡土,不肯轻易迁移离去,不可仓促变更。凡事顺行易,逆动难。屯田之事也应该顺从百姓的意愿,愿意的才征募,不愿的不强行。"太祖接受了这个建议,百姓也都很高兴。但这段史料所隐含的背面情形,需要研究者有意识地深究追问和推论:"屯田客"如果无田可耕,怎会"不

乐，多逃亡"呢？而袁涣说"乐之者乃取，不欲者勿强"，那么这些"不欲""不乐意"的"屯田客"一定是强制招募的；他们之所以"不欲""不乐意"，或是因为他们原是有田可耕的"有业之民"。那么何以要将这些"有业之民"强制招募为"屯田客"？那一定是官员"欲见屯田之功，即不恤废其旧有之业也"。这岂不是苏轼所说"一牛之失，则隐而不言，五羊之获，则指为劳绩"的翻版？由此又联想到史书记载的"官之所谓功，如是者多矣"，这也是"政事之所以难言，考绩之所以不易"的真原因①。经过这一系列的追问、推论，研究者就把《袁涣传》中未曾直接写出的背面情形揭示出来。如此，我们就可以"由此及彼""由表及里"地"挖出"史事的多个面相，就能对史事做出较为全面的分析与解读。

反之，读者如果只能提取史料的正面信息，那么史料信息就未尽其用，凭借字面上的历史信息去进行叙事或分析论证，难免单薄又不能深入，甚至只能重复材料的信息，更谈不上对史事做出论述和评析。俗话说："听话听音，锣鼓听声。"从史料中读出史事的多个面相，就如同日常生活的对话交流，除了听明白彼此的话语，还要听出言

---

① 吕思勉：《屯田之弊》，载《吕思勉读史札记（中）》，上海古籍出版社，2020，第963—964页。

外之意、弦外之音,这并不需要有什么特别高深的学问或高妙的方法。初学者如能认真领会,有意识地学着练习,从史料中读出史事的多个面相,并非特别难的事。之所以不能,还是因为未能养成一种"由此及彼""由表及里"的自觉意识和思考习惯。

▶▶史事的考证

史料经过辨伪,解决了它的真伪问题;经过校勘,解决它在流传中产生的错误问题,恢复了史料的原貌。但是,真的原始史料,仍然存在着一些问题,这需要我们另外做一番考证研究[①]。

有时史书记载本身有错误,如《三国志·魏书·武帝纪》记建安二年(公元一九七年),汝南黄巾起义,其首领有何仪、刘辟、黄邵等,曹操率军镇压,将刘辟、黄邵斩首。可是到了建安五年(公元二〇〇年),曹操与袁绍相持于官渡,刘辟等又叛应袁绍,攻略许下。这就有疑问了:是不是建安二年时刘辟没有死?会不会建安五年反叛的刘

[①] 考证有广义和狭义的两种解读。广义的考证,包括训诂、校勘、辨伪等一系列史料的研究整理。但如果将训诂、校勘、辨伪与考证并立,那就是本节所采用的狭义解读,否则内容上多有重复。

辟是另一个人？这就需要史学家做一番考证①。有时史料记载很隐晦曲折，若明若暗，需要做专门的考证，将史事的真相揭发出来。比如，学者胡适于一九一七年五月在美国哥伦比亚大学接受博士学位的最后考试，六月回国，当时因口试没有通过而没有获得博士学位，直到一九二七年才获得了博士学位。这一件事，给胡适留下了极不愉快的阴影，他既没有说实话，又不肯说谎话。为此，有关的材料总是含糊其词、遮遮掩掩，需要做一番考证才能明白史事的真相②。总之，考证研究的目的就是订正史料上的错误，揭示历史事实的真相，所谓"纠谬摘瑕，钩沉发微"，都是考证研究的任务。

考证的方法，前人从不同角度，总结出内证与外证、实证与理证、孤证与互证，以及反证与旁证等方法。

内证与外证：学界有不同的理解，一种是凡涉及史料的辨伪、校勘的研究，都称之为外证；凡涉及史事真相的研究，都称之为内证。也有把目录、版本和校勘等研究，称之为内证；把有关作者和时代及写作动机等研究，称之

---

① 赵翼：《廿二史劄记》，王树民校证，中华书局，1984，第128页。
② 耿云志：《博士学位问题及其他》，载《胡適研究论稿》，社会科学文献出版社，2007，第306页。

为外证①。

实证与理证：但凡用文献、实物等史料加以佐证的、考订的，称之为实证，有时也称书证或物证；凡依据情理，或事理来考订正误的，称之为理证。

孤证与互证：孤证是指证据上的孤立单一，有时，史料中的记载很多，但这些记载都出于同一渊源，只是因辗转抄袭而数量众多。这种情况仍然属于孤证。换言之，孤证不是指史料的多寡，而是指史料来源的单一②。孤证的考信力度较弱，通常需要从其他方面的考证来加强它的可信度，这就是"孤证不信"的含义。与孤证相对的是互证。但凡对同一史事有两种或两种以上不同来源证据，达成相互的印证，就可以称之为互证。互证可以是文献与文献的互证，也可以是文献与实物的互证，或实物与实物的互证。

反证与旁证：反证即举出相反的证据来加以证明。《史记·万石张叔列传》记有直不疑遭人诋毁的事："不疑状貌甚美，然独无奈其善盗嫂何也！"不疑闻，曰：'我乃无

---

① 李隆国：《史学概论》，北京大学出版社，2009，第150、157、158页。
② 吴泽主编《史学概论》，安徽教育出版社，2000，第184页。

兄。'然终不自明也。"①对于他人的诋毁，直不疑并不申辩，只是说"我乃无兄"。无兄，也即无嫂，何来盗嫂？这就是反证的方法。旁证即列出非直接的、相关的证据材料来加以考证。

俗话说，无证不立、无征不信。史学研究要凭证据说话。然而，证据与史实的关系是非常复杂的："有证据者，未必尽是；无证据者，未必尽非。"②何以"有证据者，未必尽是"？这可以从史料、史学家两个方面来解释。一方面是史料本身的问题。众所周知，不管是文字、口述或实物的史料，都有一个是非真伪的问题，依据有误有伪的史料，得出的结论自然是"未必尽是"。这是来自史料方面的原因。另一方面是史学家的问题。不管是一把石斧，还是一本古书，它们本身不会开口说话，是史学家把它们用作证据来建立某些历史判断。把石斧或古书用作证据，就包含了史学家对石斧或古书的解读。在历史学中，同样的史料而有不同的，甚至相反对立的解读，那是很常见的现象。比如《诗经》中的"雨我公田，遂及我私"，这里的"私"字——范文澜与郭沫若就有不同的解读，范氏说

---

① 司马迁：《史记·万石张叔列传》，中华书局，1982，第 2770-2771 页。
② 吕思勉：《丛书与类书》，载《吕思勉论学丛稿》，上海古籍出版社，2020，第 541 页。

这是农奴的私田,用来论证西周封建说;郭氏说这是田官的私田,用来证明春秋战国封建说。

或说这是文献解读上的分歧,实物史料就不会这样。其实,实物史料也离不开史学家的解读,也同样会有分歧与差异。一九三九年出土于河南安阳的商代大青铜器之一,是迄今发现的最重的青铜器,自出土以来七十余年,学界都称其为"司母戊鼎"。但二〇一一年国家博物馆在改扩建后重新开馆之时,却将它改为"后母戊鼎"。由此引起了一场有关这件青铜器的命名问题的讨论,至今仍是众说不一[1]。出土于西安半坡遗址的"小口双耳尖底瓶",一直被认为是汲水的工具,说它的制作根据的是重心原理,取水时既省力又方便。后来,研究人员对尖底瓶进行实验,发现它并不能自动取水。于是,有学者认为,这个尖底瓶不是取水器,其灌入的既不是日常饮用的水,也不是日常饮用的酒,而是祭祀、礼仪用的酒,它是一种祭器或礼器。又有学者认为,这个尖底瓶就是文献中的"宥坐之器"(也称"欹器")[2]。尖底瓶的发现已经过了半

---

[1] 常玉芝:《是"司母戊鼎"还是"后母戊鼎"》,《中原文化研究》2013年第1期。
[2] 王先胜:《关于尖底瓶,流行半个世纪的错误认识》,《社会科学评论》2004年第4期。孙霄:《欹器与尖底瓶考略》,《文博》1990年第4期。

个多世纪,而对于它的功用,学界仍然争论不一。可见虽有实物,并不能保证学者能形成一致认可的解读。

至于"无证据者,未必尽非",那也容易理解。比如,日常生活中我们对家族祖辈的记忆,往往并无直接的史料,只是凭借一些间接的史料,也可以形成一些"未必尽非"的认识,只是它们不那么具体或细化。

总之,史事的考证,必须要有史料作为依据。但因此而认为,只要有了史料,我们就能获得公认的结论,依据了史料,一切问题都能解决,一切难题都能释然,那就把历史的考证看得太简单了。

▶▶求史实与求情状

考证的目的是确认史实。史学著述中的史实,可分为两种类型:一种是历史上的某些特殊的、单个的史事,如秦始皇生于某年某月某日,淝水之战发生在某地。这些特殊的、单个的史实,只发生过一次,不会重复 —— 秦始皇不会重复出生,淝水之战也不能重复发生在另一地方。这类史实,就时间上说,是一次性的;就空间上说,是"不能搬动"的[1]。除了这种特殊的、单个的史实,史书中

---

[1] 金岳霖:《知识论》,商务印书馆,1996,第741、743页。

还涉及一类是当时当地较为普遍发生或存在的史实。比如,"清朝人都有发辫""汉人都迷信看相"等。这类史事不是指称清朝某一个地方某一个人留发辫,也不是指汉代某一地某个人迷信看相,而是指那个时代、那个区域中普遍发生或存在的一类史实。后者与前者相比,它涉及的空间范围和时间的跨度都比较大、比较长。

在历史著述中,对这两种史实的陈述,总是互相交织的。比如有这么一段叙述:

<u>公元前一四〇年,汉武帝继位。</u>此时西汉开国已有六七十年了,经过汉初以来的轻徭薄赋,与民休养,到武帝当政时,人口增长,经济富庶,国家强盛。史书的描写是:"民则人给家足,都鄙廪庾皆满,而府库余财。"西汉王朝达到了空前的繁荣阶段。然而,也是在这六七十年间,西汉社会积聚了多种矛盾:贫富分化、土地兼并,繁盛之中隐含着深刻的社会危机。正所谓"物盛而衰,固其变也"。

这里,除了画线的第一句指称的是特殊史实外,其余的陈述,都涉及汉代中期社会上发生或存在的某些普遍性的史实。单用第一类史实,是无法进行历史叙事的。换言之,通常所说的探究、陈述史事的真相,实在涉及了两种史实、两种真相。

吕思勉的《历史研究法》也曾讨论过这两种史实,他把前者称为"特殊事实","专指一人一事"的事实;把后者称为"一般状况",那就是当时社会的"常人常事"。他说,现代史学的格言,是"求状况非求事实"。这当然不是说"事实"不重要,而是强调"特殊事实"也要放在"一般状况"中才能理解明白。他举例说:

从前汉朝时候,有一个名将,唤作韩信。他有一次和敌人打仗,把自己的兵排在水边上,背对着水,这就是所谓背水阵,是犯兵家之忌的,因为没有退路了。后来竟打了胜仗。人家问他,他说:这亦在兵法上,不过你们不留意罢了。兵法上不是有一句置之死地而后生吗?我所用的兵,不是训练惯统带惯的,乃是临时聚集来的乌合之众,这和走到市集上,把许多赶集的人聚拢来,使之作战一样,不是置之死地,人人要想自己救命,谁肯出力死战呢?这是一件事。明朝时候,又有一个名将,唤作戚继光。他练兵最认真。著有一部书,唤作《练兵实纪》,对于练兵的法子,说得很详尽。清朝的曾国藩,本来是个书生,不懂得练兵的,他初出来练乡勇,就靠这一部书做蓝本,订定一切规则。可见戚继光这部书,对于练兵的方法说述的详尽,也可见得他对于练兵的认真了。相传当他检阅时,适逢大雨,他的兵都能植立雨中,一步也不移动,可见他训练之效。他所以南征北讨,所向有功,绝非偶然了。这又是一件事。两件事恰恰相反。在看重战术的人,一定说韩信的将才在戚继光之上,能不择兵卒而用之;在注重训练的人,则又要说韩信的战胜只是侥幸;其实都不其然。韩信生在汉初,承战国时代之后。战国时代,本来是举国皆兵的,所以在秦、汉之世,贾人、赘婿、闾左,……发出去都可充兵。韩信所用的兵,虽说没有经他训练过,然战争的教育,是本来受过的,对于战斗的技艺,人人娴习,所以只要置之死地,就能够人自为战。戚继光时代,则中国统一已久,人民全不知兵,对于战斗的技艺,一无所知,若不加以训练,置之活地,尚不能与敌人作战,何况置之死地呢?若使之背水为阵,非毙于敌人锋镝之下,就要被驱入水了。所以韩信和戚继光的事,看似相反,而实则相成,若非知其环境,就无从了解其真相了。况且事实原因环境而生,若不知其环境,对于事实的性质,必也茫无所知,更何论了解其经过。然则对于史事,安可不知其环境呢?①

这里说的"环境",其实就是当时当地社会的"一般情形""一般状况"。"一般情形""一般状况"都是由"常人常

---

① 吕思勉:《历史研究法》,载《史学与史籍七种》,上海古籍出版社,2020,第23-24页。

事"构成的,所以,现代史学的研究是"求状况非求事实",是"重常人,重常事","常人常事"是风化,特殊的人所做的特殊的事是山崩。不知道风化,决不能知道山崩的所以然,如其知道了风化,则山崩只是当然的结果①。

相对而言,对于"特殊事实",总是后人比当时人了解得更明白;而"一般状况"如日常生活、人情风俗、思想状况等,总是当时的人比后人知道得更清楚。但在传统史籍中,因守着"常事不书"原则,有关社会上的一般状况的材料是最缺乏的,这就给后来的史学研究带来了困难。孟子说:"无恒产而有恒心,唯士为能。"这种"无恒产而有恒心"的士,究竟是只关心"一人一事"的特殊的、个别的史实,还是陈述了当时社会上"士"的"一般状况",这就需要仔细辨析。正如余英时在《士与中国文化》"自序"中写道:"本书所刻画的'士'的性格是偏重在理想典型的一面,也许中国史上没有任何一位有血有肉的人物完全符合'士'的理想典型。但是这一理想典型的存在终是无可否认的客观事实","至于终身'仁以为己任'而'造次必于是、颠沛必于是'的'士',在历史上原是难得一见的。"所以,"孟子所谓'无恒产而有恒心',事实上只能期至于极

---

① 吕思勉:《历史研究法》,载《史学与史籍七种》,上海古籍出版社,2020,第27页。

少数突出之'士',因此但有'典型'的意义,而无普遍的意义"①。把个别的、少数的,甚至是极少数"一人一事",误解为历史上的"一般情形""一般的状况",这是历史研究中常见的一种错误。

▶▶ 历史的因果

任何一门学科都要研究因果关系,历史学也不例外,只是它的研究方法与其他学科有所不同。

我们知道,在自然科学,尤其是在物理、化学一类的学科里,因果关系的研究是借助可控实验来进行的。比如,水的形态(液态－气态－固态)变化,通过可控实验,科学家可以归纳出一个"如果具备了某些条件(如温度、气压等),就必然产生某种结果(液态变为固态或气态)"的因果律。虽然自然界中水的形态变化及其背后的因果关系时时刻刻都存在、都在发生,但要对它做出精细的、确定性的因果研究,总结出一个因果律,非要靠可控实验不可。通过可控实验,科学家不仅能找出这里的因果律,还能对因果律中的条件项(哪些是条件,哪些不是条件),

---

①余英时:《士与中国文化》,上海人民出版社,1987,自序第10-11页,第109页。

以及该条件项的具体状况(如达到某一个临界点),做出确定性的辨析与测量。在可控实验发明之前,人们当然也知道水的形态是会变化的,其背后变化的原因(冷热)也并非不知道,只是人们不能对它做出精确的辨析。在这种情况下,人们只是说"水在很冷很冷的情况下会结冰",而不是说"具备了某些条件(如温度、气压等),就必然产生某种结果(液态变为固态或气态)"。这两种状况的差异:一是精确性;二是粗略性。

历史研究对象是无法对它进行可控实验式的研究的。公元前四十四年,恺撒在元老院门口的台阶上被布鲁图斯用匕首刺死。这个历史事件给后来的历史研究留下了一个课题:恺撒何以会死?有学生说:"恺撒是因流血过多而死。"人因流血过多而死亡,这是可以"实验"的,借助"实验"可以验证"恺撒是因为流血过多而死"是一个正确的回答。但老师一定批为"不及格",因为这不是历史学的原因。作为历史研究者,他知道应该从社会、政治、经济、民族、阶级、团体、个人、心理、动机等方面去找原因。然而,这些原因,却无法进行"可控实验"。英国史学家阿克顿的名言:"权力导致腐败,绝对权力导致绝对的腐败。"概括的也是权力与腐败之间的因果关系,这里也存在着许多主、客观的条件。比如,权力过于集中,缺乏监督机制,个人的道德修养、思想品行,家庭或社会的一般状况,等等,都可能是导致腐化的原因条件。但是,哪些是必不可少的条件?我们难以厘清,有时缺少某一两个条件,或者某一两个条件得到极端的发展,腐败现象也会产生(或不产生)。正如有的学者所说:"与许多自然领域不同,社会有机体的演变具有自己明显的特点,这就是社会演变的进程不决定于初始条件,社会更多地决定于机遇、环境和相互作用的即时状况所做出的选择。这植根于社会行动者——人的能动性和创造性。"①

"不决定于初始条件"不是说它不需要条件,而是强调它是各种"机遇、环境、相互作用的即时状况"的产物,这些"机遇、环境、相互作用的即时状况"却难以厘定。其实,马克思很早就注意到这一点,他说:

> 极为相似的事情,但在不同的历史环境中出现就引起了完全不同的结果。如果把这些发展过程中的每一个都分别加以研究,然后再把它们加以比较,我们就会很容易地找到理解这种现象的钥匙;但是使用一般历史哲学理论这一把万能钥匙那是永远达不到这种目的的,这种

---

① 王锐生、陈荷清等:《社会哲学导论》,人民出版社,1994,第184页。

历史哲学的最大长处就在于它是超历史的。①

科学对因果关系的探索,也是在不断的试错、纠错的过程中逐渐完善的。一个因果论断要能对它进行有效的验证,论断本身必须给出清晰和确定的信息。否则,验证就无法进行。比如,说"明天会下雨",那是可以检验的;说"明天会下雨或不下雨",那就无法检验。前者给出的信息是清晰而确定的,可检验、可复核,而后者则否。又如,说"水在很冷很冷的情况下会结冰",这个因果论断就难以检验,因为它没有告诉我们如何才算"很冷很冷"(暂且不论什么叫"水"、什么叫"结冰"等),我们往往依据事态的结果来推断它的原因 —— 如看到水结冰了,那就判断必定是"很冷很冷"了;如看到水还没有结冰,那就说还未达到"很冷很冷"。这样的因果论断很粗略,但它在我们的生活中很有用、很重要。

史学著作中的因果论断,大都属于这样的情形。比如,生产力的发展最终会引起生产关系的变革,这也是我们经常运用的一个因果论断。但什么是生产力的发展?生产力发展到怎样的水平、怎样的程度才会引起生产关

---

①马克思、恩格斯:《马克思恩格斯全集》第19卷,人民出版社,1963,第131页。

系的变革?论断本身并没有给出确定的、具有可操作性的界定。于是,我们便使用"最终"两字来"等待"结果的出现。在检验的操作上,通常有两种方式:一是生产关系变革了,我们便说这是生产力发展的结果;二是生产关系还未变革,我们便说是生产力发展水平、程度还不够。运用第一种方式,我们是从结果来推断它的原因。运用第二种方式,我们借助"等待"为托词来回应任何对论断的质疑和诘难。通常的做法当然是两种方式的交替使用或相辅相成,这也给历史学者造成了错觉,似乎因果论断已经通过了史实的验证。

翻阅各种历史著述,大多数有关历史因果的问题都是众说纷纭、莫衷一是。这当然与上文所说的情况有关。不过,这里还有一个因素不可忽视:人们总是站在不同的立场上(国家的、民族的、阶级的、集团的等)来论述史事的因果关系。正如爱德华·霍列特·卡尔所说:

法国历史学家勒费弗尔有意开脱法国革命对拿破仑战争中的灾难与流血应负的罪责,而把这些灾难归咎于"一位将军的独裁……这位将军的脾气……就是很难于接受和平与克制的"。德国人今天很欢迎对希特勒个人的邪恶进行谴责,认为这就很满意地代替了历史学家对产生希特勒的那个社会做道德上的判断。俄国人、英国

人以及美国人也都欣然参与对斯大林、张伯伦或者麦卡锡的个人攻击,把他们当作了大家的集体错误行动的替罪羊。①

可见,历史因果关系的研讨,不光是一个单纯的事实问题,其背后还牵连着这样那样的利益关系。这就是马克思所说的,它纠缠着对谁有利、对谁有害的问题②。对于同一件事,不同的人,站在不同的立场、出于不同的目的、论说着不同的(对其有利的)因果关系,这被称为历史因果研究上的相对性③。

尽管历史学的因果分析不能达到精确化,只能粗略地在经验性的层面上,形成一些类似格言、谚语、警句名言之类的概括语,但这并不影响它的价值,仍能满足我们生活之所需。在日常生活中,我们常常也不去追求这类论断的精确性,"水在很冷很冷的情况下会结冰"就足以避免水杯因水结冰而被涨破。同样,"权力导致腐败,绝对权力导致绝对腐败",也完全可以引起人们的充分警

---

① 爱德华·霍列特·卡尔:《历史是什么?》,吴柱存译,商务印书馆,1981,第83页。
② 马克思、恩格斯:《马克思恩格斯全集》第23卷,人民出版社,1972,第17页。
③ 柯林武德:《历史的观念》,何兆武、张文杰译,中国社会科学出版社,1986,第91-93页。

觉，以便在政治制度的设计之中竭力避免权力过于集中。至于历史因果关系的学习，那就是无论是读到史书上的有关论述，还是试着自己去做些因果问题的分析，它都是"理解这种现象的钥匙"，而不能把它视为一种万能的公式去到处套用。

▶▶史义的评说

有人说，新闻报道要写出五个要素，也称五个 W，即何时(when)、何地(where)、何人(who)、何事(what)与何故(why)①。换到历史研究和教学的语境，除了有这五个 W 之外，还要加一个有何意义、有何影响，就是史义的评说。

史义，就是史事对人的意义或价值。这个人，可以是古人，也可以是今人。所以，评说史义，也因古人与今人的不同而有两种情形。一件发生过的史事，你可以评说它对当时人的意义或价值，这是史事对古人的意义或价值；你也可以评说它对今人的意义或价值，这是史事在现实社会或现实生活中的意义或价值。所谓评说，则是人

---

① 中国大百科全书总编辑委员会《新闻出版》编辑委员会编《中国大百科全书·新闻出版》，中国大百科全集出版社，1990，第 416 页。

对史义的一种看法或意见。所以,有学者说前者是"过去的价值",是一种"历史的意见";说后者是"现实的价值",是一种"时代的意见"[①]。无论是前者还是后者,史义的评说能否成立,首先在于它对史事及其影响有没有真切的了解。

比如,秦始皇筑长城,历来就有两种不同的评说:"誉之者以为立万古夷夏之防,毁之者以为不足御侵略。"这两种不同的评说,究竟哪一种能够成立呢?这就需要回到历史的场景,弄清史事的真相和原委。我们知道,秦汉时由北方入侵中原的游牧民族,主要是匈奴。匈奴在秦汉之前,还是一些小部落。这些小部落时常会入侵中原,给当地民众的生活、生产带来了危害。但抵御或击退这些入侵的小部落,却不是一件容易的事。派大队人马追到北边,他们则逃之夭夭、了无踪影;等到回撤了军队,他们又南下骚扰。这样,即便没有直接开仗,兵力、军备的消耗就很大;留守驻防,又需要有充足的供给。在这种情形下,长城的修筑便是较好的防御方法。换言之,当北方游牧民族还是处于分散状态的小部落时,修筑长城来抵御他们的入侵,还是有效的。所以,春秋战国的时候,赵、

---

① 张耕华:《历史学的真相》,东方出版社,2020,第288页。

魏、韩等国都修有长城。但是,一旦游牧民族实现了统一,形势就不一样了。这时候,入侵者往往是"控弦数十万",动辄数千骑。光靠长城来防御游牧民族的入侵,就不够了,应该"自别有策"。所以,上文所列的"誉之者"和"毁之者"的评说,都是"不察情实之谈"①。史事真相及其因果关系没有弄明白,对史事的意义或价值的评说自然也就不能成立。

史学研究中的何时、何地、何人、何事与何故,都是有关史事方面的认知,都属于史事的认知;而史义的评说,则讨论史事与人的意义或价值,属于价值的判断。价值判断在日常生活中也是很常见的。比如,人们在北方过冬需要取暖,煤炭经燃烧能产生热量,于是我们就会说"煤炭对我们(取暖)有意义、有价值"。一个价值判断能否成立,全看我们能否"知己知彼"。知己,即明白自己之所需,比如上文说到的"冬季寒冷,我们要取暖御寒";知彼,即明白对象有某种属性,如煤炭燃烧时能产生热量。只有"知己知彼",才能就某一事物对于我们的意义或价值做出正确的判断。同样,对历史做价值判断 —— 史义的评说也需要"知己知彼"。

---

① 吕思勉:《秦始皇筑长城》,载《吕思勉读史札记(中)》,上海古籍出版社,2020,第690-691页。

在历史学里,史义评说中的种种失误,有些错在不知"彼",如上文对长城的两种评说,其错就在"不察情实"。有些错在不知"己"。二十世纪七十年代中期,曾兴起过一场批孔子、批儒家的运动,学者梁漱溟就意味深长地写下了这样一句话:

今天我们若轻率地贬低孔子或抬高孔子皆于他无所增损,只是自己荒唐妄为。[①]

为什么会"轻率地贬低孔子或抬高孔子"呢?原因还在"自己荒唐妄为"。这就是史义评说中的不知"己"。评说史义,知"彼"固然有种种困难,知"己"也绝非易事。知"己"之所以难,有以下的原因:

一、史义的主体,有时是现实社会上的今人,有时是历史上的古人。不同时代、不同社会中的史义主体的需要是各不相同的。一个是"过去的价值"和"历史的意见",一个是"现实的价值"和"时代的意见",混淆了二者的区别,评说者就会把"时代的意见"强加在古人身上,或者是把"过去的价值"误解为"现实的价值"。二、即便是今人评说史事的"现实价值",对其自身需要的认知并不总是明确和清楚的,常有一个不自知到自知的认识过程。

[①] 汪东林:《梁漱溟问答录》,湖南人民出版社,1988,扉页手迹。

有时,被他们视之为有价值的,并为之努力奋斗争取的东西,其实并不真正符合他们的需要,并没有真价值;被他们视之为无价值的,为之排斥、反对的东西,实际上却真正符合他们的需要,具有真价值。而这种判断上的失误,往往不能通过一时一地的实践活动来发现和纠正。

有人说,史论就是时论。也可以反过来说,时论就是史论。这二者是相辅相成、彼此制约的。错误的社会实践会误导人们对史义的评说;同样,错误的史义评说也会误导人们的社会实践。而后者的作用尤为突出。就以往的实际情形来看,总是现实的社会实践引导着人们对史义的评说,而不是史义的评说指导着他们的社会实践。在历史学中,许多重要的历史人物、重大的历史事件,人们对它们的史义评说之所以再三反复,主要还是因为他们的社会实践在一而再、再而三地折腾反复。

正确地评说史义虽然不易,但它仍是历史学中重要的一环。法国学者雷蒙·阿隆说得好:"历史是由活着的人和为了活着的人而重建的死者的生活。"[①]历史学的最终目的,还是要在"为我关系"中认识和把握历史。生活

[①] 雷蒙·阿隆:《历史哲学》,王养冲译,载田汝康、金重远编《现代西方史学流派文选》,上海人民出版社,1982,第95页。

在各个时代、各种社会上的人们，只能按照他们自己的需要去理解历史的含义，形成各自的史义评说；这些史义的评说只对他们自己有意义。随着时代、社会不断的变化，史义也随之发生变化，这就需要重新去评说它。不断地重新评说史义，正是人们为把握历史、驾驭历史所做的一种努力。

史学方法

> 科学的方法，说来其实很简单，只不过"尊重事实，尊重证据"。在应用上，科学的方法只不过"大胆的假设，小心的求证"。
>
> ——胡　适

▶▶ 想象推理

就思维方法而言，历史研究中使用得最多的，恐怕是想象。阅读、理解史料要用上想象；复原历史人物、事件或事态过程也要用到想象。

历史学中的想象，与我们日常生活中经常使用的想象没有什么不同，或者说日常生活中使用的想象，除了胡

思乱想，多数是历史的想象。比如，同事张三向你说起他昨晚下班时的遭遇："刚走到半路，突然一阵狂风暴雨，四周又没有躲雨的地方，只好把小包顶在头上，一路狂奔，赶回到家里。"听了这几句话，你立马就会想象出一个"雨天张三赶路"的场景：突然间倾盆大雨，张三没带雨伞，将小包顶在头上，狼狈地在雨中奔走。这样的场景是如何想象建构的呢？自然，张三的这几句话，就是史料，是你想象的主要依据，你不能越出这几句话而胡思乱想。但是，光凭这几句话是远远不够的，还要借助你的经历或阅历来做点推理：你平日里看到过，并记得张三下班时夹着小包走回家的样子；你也有过雨天没带伞，又没处躲雨，只得急急赶路的遭遇；对于那种窘况与狼狈，你记忆犹新；等等。诸如此类的经历或阅历，都帮助你完成了对"雨天张三赶路"的场景想象与推理。

历史研究也是如此。比如，《礼记·檀弓》记有这样一件事（下文简称"买道而葬"）：

季子皋葬其妻，犯人之禾。申祥以告，曰："请庚之。"子皋曰："孟氏不以是罪予，朋友不以是弃予，以吾为邑长于斯也，买道而葬，后难继也。"

把这段记载视为史料，阅读史料，就是借助史料的信息展开对"买道而葬"的历史想象。

首先想象的是季子皋与申祥对话的场景(下文简称"场景一")。人与人对话的情形,我们平日里是经常看到的,况且两人所说的话,史料上都记录了。于是,我们仿佛看到他俩在对话,也能听到两人对话的内容:申祥对季子皋说:"你外出葬妻,把人家的庄稼踩坏,应该赔偿人家的损失。"季子皋回答说:"我的主子孟氏不会为这事责罪我,朋友们也不会为这事抛弃我,就是因为我是这个城邑的长官。要是花钱买路去出葬,恐怕以后当邑长的很难继续照办吧!"虽然这个场景及他俩的对话大致可以复原,但他俩的话,叫人听不明白。申祥说,你踩踏了人家的庄稼,要赔偿人家。而季子皋没有说出不赔偿的理由,却说了一大通似乎答非所问的、不合逻辑的话。这是记载时的省略,或是说话时的省略。这种省略,并不影响当事人的对话交流,但对于后来的研究者,这里的省略就带来理解上的困难。于是,我们需要想象另一个历史场景(下文简称"场景二"),即想象季子皋"犯人之禾"的场景。

"场景二"的想象较为困难,因为《礼记》的记载没有正面叙述"犯人之禾"的具体内容,我们无法复原季子皋外出葬妻是怎样的一个过程,他在哪里,又是怎么踩坏了他人的庄稼。由于缺乏记载,研究者不得不在想象之中

加入必要的推理。

关于"犯人之禾"之事,有些学者想象它发生在他人种植庄稼的田地上(下文简称"场景 a")。这样的想象似乎很合常识、常理 —— 庄稼都是种植在田地里的。季子皋葬妻"犯人之禾",那一定是他(们)行走在他人种有庄稼的田地上(当时丧车亦以人挽,并非安装有轮子),否则怎么会发生踩坏他人庄稼的事?这样的话,季子皋回复申祥的几句回答,就是答非所问、强词夺理。他自恃是一邑之长而不肯赔偿,那就是"恃宠害民"。

有学者认为,"场景 a"的想象不合情理 —— 只要是一个正常的人,外出葬妻就不可能放着现成的道路不走,而偏要在他人种有庄稼的田地上踩踏而行。季子皋不是这样的人,不会做这样的事。季子皋即高柴,是孔门"七十二贤"之一,孔子对他的评价是"愚"(憨直忠厚)。文献中有一些关于他的记载,说他曾任卫国的狱吏,为官清廉,不徇私舞弊,按法规办事。子路也说他忠厚纯正,能守孝道,善为吏。季子皋外出葬妻不可能偏要从他人种有庄稼的田地上经过。再细读《礼记》的记载,上面明明写的是"买道而葬",不是"买田而葬",可见被踩踏的庄稼,不是种在农田上,而是种在道路上的。庄稼何以会种在道路上?这就需要再寻找相关的史料,来帮助我们完成对场景的想象。原来,在井田制施行的时候,田间有许多纵横交错的"阡陌",这是供人行走的道路。到春秋时期,由于生产力的发展和人口的压力增大,原来的耕田越来越不够用了,庄稼的耕种就逐渐侵占到了田边的道路,于是"阡陌"之上就种上了庄稼。这样,学者就想象、推理出另外一种场景(下文简称"场景 b"):季子皋外出葬妻经过种满庄稼的"阡陌",于是就发生了"犯人之禾"的事情①。

借助上面的案例,我们可以对历史学中的想象与推论,做如下的小结:历史的想象,须依据史料提供的信息来操作,不能脱离史料信息而胡思乱想,也不能对史料做不恰当的曲解引申,这是历史想象的原则,也是历史想象与文学想象的不同点。就此而言,历史想象的自由度是很低的,它受制于史料及其信息的状况②。但是,史料所提供的信息,如同"影戏所用的片子",总需要把它们联属

---

① 吕思勉:《买道而葬》,载《吕思勉读史札记(上)》,上海古籍出版社,2020,第 203 页。

② 前辈史家常告诫后学者:"解释古事,批评古人,也不是绝对不可以,不过要很谨慎,限于可能的范围以内罢了。谨守着这个范围,我们能说的话,实在很少。"说的也是这个道理。参见吕思勉:《三国史话》,载《吕著史地通俗读物四种》,上海古籍出版社,2020,第 212 页。

起来,才能想象成较为完整的场景①。这就需要在想象之中加入推理。这种推理,在日常生活之中也经常使用。比如:我们眺望大海,看见有一艘船正在航行,五分钟之后再望过去,又看见它正航行在另一个不同的地方。这五分钟所发生的事情,我们没有看见(就如同史料没有记载一样),但我们可以运用推理的方法,来想象它"曾经占据过的各个中间的位置"以及发生过的事情②。推理是用来弥补史料上的缺环的,史料越少,加入的推论越多;但推理本身也需要有史料的引导,也受到史料的制约。如何在有限的史料信息内,想象、推理出合情合理又合乎逻辑的史事场景,就看史学家的学识、史识的高下了。

▶▶ **移情理解**

朱熹说:"设以身处其地而察其心也。"这里的"设以身处其地",就是通常所说的设身处地,历史研究当然不可能亲历其境,但可以想象"身处其地"的身处其境。"察其心",就是去领会、理解史事何以会这样发生,某个历史

---

① 吕思勉:《历史研究法》,载《史学与史籍七种》,上海古籍出版社,2020,第 29 页。
② 柯林武德:《历史的观念》,何兆武、张文杰译,中国社会科学出版社,1986,第 272—273 页。

人物何以这么做（如季子皋何以不肯赔偿）。如何才能"察其心"，使用较多的方法，就是移情的理解。

历史认识中的移情体验式的理解，是历史学中非常古老，且经常使用的方法，只是大家一直"熟视无睹"，并不特别重视它。然而，到了十九世纪后，就有学者开始对它做了深入的研究，并把它视为历史学的特殊方法。如德国学者狄尔泰就认为，历史之特殊于自然的地方，就在于它是人的一种精神生命，而自然界则谈不上这一点。研究的对象是一种精神生命，那么研究的方法自然也不能相同。对精神生命的研究，不能用自然科学的方法，而只能是一种内在的体验。自然界既然没有精神生命，当然也就谈不上使用什么内在体验。

英国学者柯林武德也提出类似的看法。他强调，自然科学家面对的仅仅是现象，而历史学家面对的决不是"单纯的现象"，"历史学家不是看着它们而是要看透它们，以便识别其中的思想"。他要看透的是行动背后的"思想"。历史认识是如何实现的呢？那就是历史学家必须在他自己的心灵中重演过去。他举例说：

假设他正在阅读《狄奥多西法典》，而且在他面前有着皇帝的某一敕令，仅仅阅读这些文字并且能翻译它们，

并不等于懂得它们的历史意义,为了做到这一点,他就必须看清楚这个皇帝正在企图对付的那种局势,而且他必须看它就像这位皇帝看它那样,然后他必须为他自己看出这样一种局势如何加以对付,正好像那个皇帝所处的局势就是他自己所处的一样;他必须看到各种可能的选择以及选定这种而不是另一种的理由,这样,他就必须经历皇帝在决定这一特殊办法时所经历的过程。因此,他就是在他自己的心灵中重演那个皇帝的经验,而且只有在他做到这一点的时候,他才对那个敕令的意义具有真正的历史知识,而不同于单纯的语言学知识。①

  正是在这个意义上,柯林武德提出,一切历史都是思想史。这句话,很容易引起误解。持批评态度的学者认为:即使他(柯林武德)的说明是正确的,那它的范围也是非常有限的。历史并非全是思想史,历史认识活动也并非全是移情体验。如考证一个史事的发生年代(哈斯丁斯战役发生在一〇六六年,而不是一〇六五年或一〇六七年),就不需要"移情体验"或"心灵重演"。这种批评是很常见的,但也有些无的放矢。因为按照上述学者的看法,历史学虽然有史实的考证,但它并不

---

① 柯林武德:《历史的观念》,何兆武、张文杰译,中国社会科学出版社,1986,第320页。

是历史学的主要任务,历史学的独特对象是思想,只有"移情体验"或"心灵重演"才是历史学的特有方法,它们才体现了历史学的特殊本质。

历史学家是如何做到移情理解的呢？仍以上文"买道而葬"为例。如上所述,关于场景(二)学者就有 a、b 两种不同想象与推理。想象它发生在农田里,那么"察其心",就是季子皋自恃一邑之长而"恃宠害民"。想象它发生在"阡陌"上,那就可以对季子皋"犯人之禾"而不可赔偿有移情的理解。学者(吕思勉)认为：

> 此事可见井田废,阡陌开之渐。夫使阡陌完整,营葬者安得犯人之禾？营葬而犯人之禾,盖以阡陌划削,丧车不能通行故耳。开阡陌乃违法之事,当时依法整顿,势盖已不能行,然犹难公然许为合法。邑长犯人之禾而庚之,则许为合法矣。关涉土地之案件,又将如何办理,故日后难继也。①

开"阡陌"(井田间的道路)种庄稼,这在当时还是违法之事,但已成普遍现象,形势如此,要依法加以整顿,已不可能。但官府还不肯公然承认或允许此事为合法。季

---

① 吕思勉：《买道而葬》,载《吕思勉读史札记(上)》,上海古籍出版社,2020,第 203 页。

子皋是一邑之长,踩踏了种在道路上的庄稼而给予赔偿,那就等于承认将庄稼种植到行走用的道路上为合法。所以,季子皋回答申祥说:"我不能赔偿,我的主子孟氏不会为这事责罪我,朋友们也不会为这事抛弃我。我要是赔偿了,那就等于承认、肯定了那些将庄稼种植在道路上的事为合法,这样处置,以后当邑长就很难继续照办!"这样的解读,也与文献中有关季子皋的为人处世的评说相吻合。

大凡对法不责众而又不能废除法规之类的事情有身历目睹或亲身感受的人,读了以上的解读,也能将它与自己的阅历做一番"移情式"的体验,也能获得一种"感同身受"的"同情之理解"。关于移情的理解,钱锺书在《管锥编》里有一段极好的描述:

> 史家追叙真人实事,每须遥体人情,悬想事势,设身局中,潜心腔内,忖之度之,以揣以摩,庶几入情合理。①

但是,如果读者没有类似的"身历目睹"或"亲身感受",他只能从字面上读懂文本的信息,却不能获得那种因"移情"而达成的"心通意会"的真理解。人的经历、阅历也是各不相同的;即使是同一个人,此一时彼一时,他

---

① 钱锺书:《管锥编》(第一册),中华书局,1979,第166页。

的经历、阅历也不相同。史学家马克·布洛赫曾说：

> 我多次读过或叙述、描绘过战争，可在我亲身经历可怕而令人厌恶的战争之前，我又是否真正懂得"战争"一词的全部含义呢？军队被包围，国家遭惨败，究竟意味着什么呢？在我亲身感受到一九一八年夏秋胜利的喜悦之前，我是否真正理解"胜利"这美丽的词所包含的全部意义呢？①

马克·布洛赫的这段话，见之于他的《历史学家的技艺》一书，当时他正在法国参加抵抗组织，字里行间弥漫着他对胜利的渴望和期盼。特殊的境遇，促成了他对史事有新的体会、新的理解；故而对自己此前的历史书写产生了怀疑——在此之前，我又是否真正懂得"战争"一词的全部含义呢？如果马克·布洛赫最终能走出集中营，再来写一本有关战争和胜利的史学著作，那么后者一定与前者大不相同。由此可见，对历史的"移情的理解"，总是会因经历、阅历的不同而发生变化。古人说："纸上得来终觉浅，绝知此事要躬行。"对于历史学者来说，理解历史是一个永无止境的过程——生命不息，理解不止。

---

① 马克·布洛赫:《历史学家的技艺》，张和声、程郁译，上海社会科学院出版社，1992，第36-37页。

▶▶历史归纳

历史归纳,就归纳方法在历史学中的运用而言,它是从一系列个别史实概括出一般性历史知识的一种方法。

比如,明末清初的学者顾炎武,通过对一百五十余条有关"服"的材料的分析,证明古音中的"服"读作"逼";清代学者钱大昕,通过对一百余条材料的考察,归纳出古代无轻唇音的结论,这是归纳法在训诂、音韵研究中的运用。清代学者赵翼最擅长做归纳研究,他运用归纳法得出了好多有见地、有价值的历史成果。如《廿二史劄记》有"汉初布衣将相之局""汉武三大将皆由女宠""东汉诸帝皆不永年"等条目①,《陔馀丛考》有"汉时大臣不服父母丧""宋时士大夫多不归本籍"等条目,都是运用归纳法从个别史实得出一般性的历史结论。

归纳法的基础是个别,研究者集合了许多同类的个别,从中概括、提取出它们的某种相同点,就能形成一个关于这类史实的一般性结论。在历史学里,如果归纳所及的史实在数量是有限的,研究者也能把它们"一网打尽",那么这样的归纳,可称之为完全归纳法。如上文提

---

① 赵翼:《廿二史劄记》,王树民校证,中华书局,1984,第36-37、51、92-93页。以下引文同。

到的"汉武三大将皆由女宠"一条。武帝一朝,名将很多,但武帝最信任的、起用最多的是卫青、霍去病和李广利,人称"武帝三大将"。此三人战功各有不同,但赵翼从中看出他们有共同点,即"三大将皆出自淫贱苟合,或为奴仆,或为倡优,徒以嬖宠进,后皆成大功为名将"。这项归纳,所针对的个别仅是三人,归纳的结论也只是涵盖三人。这是不完全的归纳法。

如果归纳所及的个别,数量上是无限多,研究者虽无法将它们"一网打尽",但没有发现反例,也可以从中归纳出一般性的结论。如上文提到的顾炎武、钱大昕在训诂、音韵上运用的二例归纳法,所涉及的个别在数量上是无限的,即便是古籍上的记载,也未必能"一网打尽",然而根据这数百条的同类个别,又无其他反例,就可以归纳出训诂、音韵上的一个一般性结论。这样的归纳,称为枚举归纳法。反之,如果存在个别的例外,也可以使用归纳法,这称为统计归纳法。枚举归纳与统计归纳的区别:枚举归纳的结论,常用"总是……""都……"一类的句式来表述;统计归纳的结论,因带有概率的性质,常用"一般……""往往……""大都"一类的句式来陈述[1]。

---

[1] 吴泽主编《史学概论》,安徽教育出版社,2000,第139—140页。

不过，历史著述中归纳结论的陈述，通常并不那么严谨，语句上往往是"一概而论"，甚至喜欢用全称式的判断。如上文所引的"汉初布衣将相之局"。赵翼认为，汉初开国的功臣武将，大多数起于布衣，"一时人才皆出其中，致身将相，前此所未有也。盖秦、汉间为天地一大变局"。这里所说的"布衣"，就是出身于平民的意思。将汉初的功臣武将一一罗列，出身最高贵的是张良，为韩相之子，论其家庭，当属贵族，但张良未在韩国任职，尚可属于"布衣"。张苍是秦御史，叔孙通为秦博士，官秩虽不高，说其出身布衣，就不太确切，不过这二位也是汉初将相中绝无仅有的。萧何、曹参、任敖、周苛、申屠嘉，都是地方官府的小吏或士卒。陈平、王陵、陆贾、郦商、郦食其、夏侯婴等，都是白徒（平民）。地位最低的，如樊哙是屠夫，以屠狗为事；周勃是吹鼓手，常为人吹箫治丧事；灌婴是小贩。其他如韩信年轻时是乞丐，黥布、彭越是盗贼。这些人都是随刘邦打天下，汉朝建立后，都"致身将相"，形成"布衣将相之局"。这条札记，表面上说的是汉初将相的出身，其背后反映的是秦、汉间的"一大变局"，至于个别人物而有例外（如张苍、叔孙通或张良），归纳时可以不甚顾及。又如"东汉诸帝皆不永年"，表面上归纳的是东汉皇帝的年寿短暂。东汉共有十四位皇帝，开国皇帝光武帝活到六十二岁，继位的明帝死时四十八岁，最后一位献帝在位三十余年，活到五十三岁。这三位可说是善终的。但自章帝以后的十来位皇帝都年寿短促，如章帝三十三岁，和帝二十七岁，殇帝二岁，安帝三十二岁，少帝仅七个月，顺帝三十岁，冲帝三岁，质帝九岁，桓帝三十六岁，灵帝三十四岁。这在历代帝王中是很少见的。赵翼对这些个案一一分析，认为这就是东汉中后期外戚、宦官交替专权造成的结果。皇帝幼年即位、夭折或无子，遂多由母后临朝称制；母后临朝，必引戚族帮助掌权；及皇帝年纪稍长，不满戚族专权，便与身边宦官合谋夺权；然而外戚虽见诛灭，宦官又因之而专权。如此一而再、再而三地反复折腾，便产生了"东汉诸帝皆不永年"现象。如果顾及光武、明帝史实上的实际情形，归纳陈述为"东汉中后期诸帝皆不永年"似乎更为妥帖。但习惯上，学者仍以全称式的语句来表达，也未见有误解或误用。

这也可见，社会历史领域里的"个别"是复杂多样的，往往正反并存。有学者说：

> 社会现象与自然现象是有差异的。生物学家为了研究麻雀的生理构造而解剖麻雀，只要在分类学上属于同一品种，就以个别麻雀代表诸多麻雀。因为同一品种的麻雀天然具有一致性，任何一个麻雀都能作为诸多麻雀

的典型代表。社会现象却不是这样。在社会关系上,个别事物与诸多事物之间,并不存在个别麻雀和诸多麻雀之间那种突然的一致性。它们可能全面一致,可能部分一致,也可能全不一致。于是典型的代表性就大成问题了。①

如果想从个别的归纳引申出某种文化的特征、主导意识之类的问题,那更要十分小心。胡适曾批评梁漱溟《东西文化及其哲学》里的一段论述,他说:

> (梁先生认为)中国人的思想是安分知足,寡欲摄生,而绝没有提倡要求物质享乐的;却亦没有印度的禁欲思想。不论境遇如何,他都可以满足安受,并不定要求改造一个局面。梁先生难道不睁眼看看古往今来的多妻制度、娼妓制度,整千整万的提倡醉酒的诗,整千整万恭维婊子的诗,《金瓶梅》与《品花宝鉴》,壮阳酒与春宫秘戏图?这种东西是不是代表一个知足安分、寡欲摄生的民族的文化?只看见了陶潜、白居易,而不看见无数的西门庆与奚十一;只看见了陶潜、白居易诗里的乐天安命,而不看见他们诗里提倡酒为圣物而醉为乐境。②

---

① 严中平:《科学研究方法十讲》,人民出版社,1986,第57页
② 欧阳哲生编《胡适文集(三)》,北京大学出版社,1998,第190页。

我们不妨说,"陶潜、白居易的乐天安命"是事实,"西门庆与奚十一的贪图享乐"也是事实,但归纳而来的结论,何者代表社会历史的一般常态?何者是民族文化里的主导意识?这实在不是归纳方法所能回答的问题,这也可见得归纳方法是有局限的——归纳所获得的共性,往往并非反映事物的本质。

▶▶演绎解释

"解释"一词,按字面释义,就是使人明白。在历史学中,有些是对史料的解读,有些是对史事的解说;而使用的方法,都是演绎的解释。演绎是依据一般通则而对个别史事做出的解释,一般通则来自归纳,故讨论演绎,仍是要从归纳说起。

《孟子·梁惠王上》有一句"弃甲曳兵而走",原文是这样写的:

> 王好战,请以战喻。填然鼓之,兵刃既接,弃甲曳兵而走。或百步而后止,或五十步而后止。以五十步笑百步,则何如?曰:不可,直不百步耳,是亦走也。

这就是耳熟能详的"五十步笑百步"的出典。文中的"走"字,不是现代含义上的徐行,而是"跑"的意思。古人

说"徐行曰步""疾行曰趋""疾趋曰走";"走"是"疾趋"的意思。这是当时具有普遍性的用法。学者考察了文献中的"走"字,归纳出一条关于"走"字含义的通则,即走的古义是"疾趋、逃跑",并把它写进工具书中[①]。后人读书遇到这类情形,就可以用这个通则来演绎解释"走"字的含义。又如韩愈《与李翱书》,其中有一句"家累仅三十口"。这个"仅"字,按现代的用法是表示"少"的意思,但韩愈用它却是表示"多至""将近"的意思。这当然不是韩愈独创的用法。经学者的研究,唐宋时代文献中的"仅"字,也是"将近""接近"的意思。这就可以归纳出一个释读"仅"字的通则。

借助上面案例,我们可以明白:通则就是归纳所得的一般性结论,它是演绎的依据;演绎的解释,就是运用一般性的通则来解读个别的史实。演绎既然需要归纳为它提供解释的依据,那么演绎解释能否合理,就看归纳所得的通则是否可靠。我们知道,文字的含义是变化的,它不仅变化,有些甚至变得"面目全非"。如上文讨论的"走",后来被"跑"字排挤、替代。这就说明,写进工具书的通则是有适用范围的,越出范围,它就不能适用;演绎如不限

[①]《辞源(四)》(修订本),商务印书馆,1983,第 2982 页。

制在通则所允许的范围,就会发生解读上的错误。然而,要给"走"字的含义变化及其时间画出范围,却不容易。据学者研究,"走"字在先秦两汉都是"跑"的意思,明代以后"跑"字才取代了"走"字。"走"被"跑"的替代,有一个渐进的过程,其间又有一个新旧含义混杂兼用的时期,很难画出一个泾渭分明的界限①。所以工具书上的释义只能写个大概,具体如何释读,需要读者按语境而斟酌定夺。这就给演绎解释带来了不确定性,甚至导致解读上的错误。

演绎解释,不仅用来解读史料,也用来解释史事。美国学者亨佩尔认为:演绎解释是历史研究必不可少的方法。他说:"普遍规律不但在历史中起着与在自然科学中十分相似的作用,而且也是研究历史必不可少的手段,甚至还构成了通常被认为社会科学之所以不同于自然科学的种种研究过程的共同基础。"②他举例说:"比如,美国大草原干燥地带的农民移居加利福尼亚,是因为持久的干旱和肆虐的风沙对他们的生存威胁越来越大,是因为加

---

①蒋绍愚:《从"走"到"跑"的历史更替》,载《汉语词汇语法史论文续集》,商务印书馆,2012,第121-150页。
②亨佩尔:《普遍规律在历史中的作用》,载何兆武主编《历史理论与史学理论》,商务印书馆,1999,第859-860页。

利福尼亚可能给他们提供更好的生活条件。这一解释基于这样一种普遍假设：人口总是向能够提供更好的生活条件的地区迁移。"①这样，我们可以用"人口总是向能够提供更好的生活条件的地区迁移"（解释项）来解释"大草原上的农民移居加利福尼亚"的发生原因（被解释项）。

然而，根据学者的观察，人类的行为是千变万化的。居住在沙漠中的人并不以同样的态度对待周围环境。缺水的区域反而会产生成群的市民，水源丰富的地方却人口稀疏。除非人们真正把靠近泉、井、塘作为头等重要的大事，否则，人们往往首先考虑安全或协作，甚至仅仅是为了群居，而不愿与其他部落靠得太近，哪怕那里有丰富的水源；或者相反，如撒丁地区，人们把住所造在自己的小花园中间，他们喜欢离群索居，而宁肯绕远路去打水②。换言之，用"人口总是向能够提供更好的生活条件的地区迁移"这个理论假设去解释史事，也只能是概率性的解读。

对于已经发生的史实做概率性的解释，自然"难以令

---

① 亨佩尔：《普遍规律在历史中的作用》，载何兆武主编《历史理论与史学理论》，商务印书馆，1999，第866页。
② 马克·布洛赫：《历史学家的技艺》，张和声、程郁译，上海社会科学院出版社，1992，第143页。

人满意"①。与史料的演绎解读相比,用演绎方法来解读史事,更为复杂,也更不可靠。这不是历史学家的无能,而是历史本身太复杂,历史中的通则太不确定。与自然界的发展演变相比,人类社会及其历史的运动有着完全不同的本质特征。自然界的发展和演变,是各种自然力的相互作用的结果,它们是盲目、无意识、无目的的;任何一个自然物的发生、发展和消亡,任何一个自然物由一种状态转换成另一种状态,除了自然力的合乎规律的自发作用外,没有任何自觉的意图和预定的目的。而人类社会及其历史的运动则是人有意识、有目的的活动结果,在历史领域里进行活动的全是有意识的、经过思虑和凭激情行动的、追求某种目的的人,任何一件具体的历史事件的发生,都和人的意图、目的密切相关。人类及其行为的复杂多变,使得历史学家很难找到普遍适用的历史通则。正如恩格斯所说:

在有机界中,我们至少是研究这样一些过程的连续系列,这些过程,就我们的直接观察所涉及的范围而言,正在非常广阔的范围内相当有规律地重复着。……相反

---

① 李晓风:《历史研究的逻辑:解释和假设的形成》,载史学理论编辑部:《八十年代的西方史学》,中国社会科学出版社,1990,第178页。

地,在社会的历史上,自从我们脱离人类的原始状态即所谓石器时代以来,情况的重复是例外而不是通例;即使在某个地方发生这样的重复,也决不是在完全同样的状况下发生的。①

由于演绎所需的通则不太可靠,所以有学者认为:"演绎法不能作为历史研究的主要方法",它"只能作为归纳的一种补充方法","想用简单演绎来代替具体研究,让复杂的历史事实适应一般原理和公式",②那就犯了历史解释上"强史就我"的错误。

人们总是希望在历史研究中获得一种具有确定性的、唯一性的结论。但就历史解释而言,唯一性的解读是没有的。翻阅各种历史著述,任何一件史事,有关它的缘由起因,总有各种各样的解读。历史本身是复杂的,历史学家需要从各个方面、各种角度去提出解读假设,他们的研究成果如同一份份调查报告,为现实社会提供试错、纠错的参考。把复杂问题简单化,用"确定性的、唯一性的"结论来终结问题,就破坏了历史学的科学性,反过来也误导了现实的社会实践。

---

① 马克思、恩格斯:《马克思恩格斯全集》第20卷,人民出版社,1971,第97页。
② 吴泽主编《史学概论》,安徽教育出版社,2000,第143页。

▶▶历史比较

有人说,没有比较,我们几乎不会开口说话!朋友见面,说一句:"好久未见了,你胖了不少!"这是比较的结果。见到小孩儿,便说:"又长高了!"或者说:"这几天天气暖和了,可以出来走走!"这也隐含着比较。所有这些日常的交流,似乎找不出哪一句话是不用比较而能说出的。历史书写也是这样。翻阅各种历史著述,许多陈述都是比较的结果:中国是四大文明古国之一;中国传统社会中的农民起义、农民战争最为频繁,规模也最大;等等。不使用比较,许多历史的认识就会变得难以把握,甚至连表述也发生困难。

广义上说,历史比较法的运用与历史学一样久远。狭义的历史比较法,是二十世纪以后产生的一个史学流派,他们强调理论化、系统化地运用比较法,强调拓宽视野,在更宽阔的背景中做比较研究。法国史学家马克·布洛赫被称为"比较史学之父",他呼吁历史学者,"普及和完善(比较)方法是当今历史研究的一项最为迫切的必要的任务"。他的代表作《封建社会》,向读者展示了一种新的比较方式:对西欧各国做平行的、相邻的、同时代的比较,对西欧和日本进行时空相隔的社会比较,被

视为当代比较史学的典范。

历史比较法就目的来说,是"异中求同"和"同中求异":异中求同,可用来揭示历史的共性或同一性,它有时反映的是一种普遍性,有时反映的是历史进程中的联系和延续,或历史过程中的共同趋势。同中求异,主要用来揭示历史的个性或差异性,它有时反映的是一种历史的特殊性,有时反映的是历史进程中的断裂和变革,或历史进程中的不平衡性。正如黑格尔曾说:

> 假如一个人能见出当下显而易见之异,譬如,能区分一支笔与一只骆驼,则我们不会说这个人有了不起的聪明。同样,另一方面,一个人能比较两个相似的东西,如橡树与槐树,或寺庙与教堂,而知其相似,我们也不能说他有很高的比较能力,我们所要求的是看出异中之同或同中之异。[1]

恩格斯曾就西欧的文艺复兴、宗教改革和资产阶级大革命做过一个比较。文艺复兴、宗教改革和资产阶级大革命,这是西欧近代史上的三个大事件,从它们的具体内容来看,人物、事件、过程,"风格迥异",看不出有什么"同"。但是,通过对这三者的历史本质的分析比较,他认

---

[1] 黑格尔:《小逻辑》,贺麟译,商务印书馆,1980,第253页。

为这三起历史大事件的本质相同,都是近代以来资本主义社会兴起以后,资产阶级对封建阶级全面宣战的"三大战役"。这就是比较研究中的"异中求同"

历史比较的目的有"同"有"异",但比较的操作步骤大致相同[①]:

(一)确定比较的目的和方向。任何比较总有一定的目的,总是在一定范围的比较,所以,首先要解决好为什么比较、在哪方面进行比较的问题。

(二)选择比较对象。即依据比较的目的和方向,选择比较的对象。比如材料必须是同类,或同一范畴的。

(三)分别考察用作比较的各个对象,弄清它们的史事真相。

(四)比较对象,找出异同。或进一步加以说明。

古人说:"两刃相割,利钝乃知;二论相订,是非乃见。"事物的特点、差异总是在比较中凸现的,所以,比较法最便于我们获得鲜明、清晰的历史认识。清代史学家赵翼有一则读史札记《三国之主用人各不同》:

> 人才莫盛于三国,亦惟三国之主各能用人,故得众力

[①] 吴泽主编《史学概论》,安徽教育出版社,2000,第49页。

相扶,以成鼎足之势。而其用人亦各有不同者:大概曹操以权术相御,刘备以性情相契,孙氏兄弟以意气相投。①

虽寥寥几句,却在比较之中把三者的同异表述得淋漓尽致。

历史比较也能克服研究视角的狭隘性,帮助我们对史事做出恰当的评价。历史地理学家谭其骧曾批评因缺乏比较意识而评价失据的现象,他说:

中国当然是一个世界文明古国,但只是文明古国之一,决不是唯一的文明古国。中国古代文明当然有比别人先进的地方,但决不能说样样都先进。例如,中国最早的古文字甲骨文,距今约三千多年,就比前五千多年已经出现的埃及人写在纸草上的象形文字和苏美尔人刻在泥板上的楔形文字要晚两千年。再如,中国在公元前六世纪郑、晋才铸刑鼎,前五世纪李悝才制定《法经》,比巴比伦《汉谟拉比法典》的制定要晚了一千二三百年。再如,中国的长城当然是一项很伟大的工程,但把它说成是古代世界最伟大的工程,那就不合适了。埃及用石砌的一百四十多米高的金字塔,难道不及这砖土建筑雄伟?何况金字塔筑于埃及第四王朝,距今四千五百年以上;长城

---

① 赵翼:《廿二史劄记》,王树民校证,中华书局,1984,第140页。

最早筑于战国,距今不过两千多年。①

有些方法论的著作,在介绍历史比较法时特别强调可比性原则。其实,只要找出事物的同类项,就可以进行比较。至于学界争论什么可比、什么不可比,实在是争论比较的结果——因不同意对方比较的结论,而批评其未遵循可比性原则。不过,比较所获得的结果,确实是取决于你预设的比较目的、比较的标准和你所选择的比较对象。比如,对英国和法国的资产阶级革命进行比较,如果着眼于革命过程的激烈性、革命所引起的社会动荡、革命所带来的冲突等现象,那么,法国大革命似乎比英国革命更彻底;但是,如果我们着眼于革命对社会的深层影响,革命对社会基础的改造等,尤其是革命后,英国更早地进入工业革命时代,而法国还是停滞不前,那么,英国革命则远比法国大革命来得彻底。

总之,历史方法同其他方法一样,只是一种思维工具,它本身并不能保证结论的正确性。任何一种比较,都只是截取史事的某一些片段、方面和局部,而暂时撇开了史事的其他片段、方面和局部。所以,比较结论总是相对

---

① 谭其骧:《对今后历史研究工作的四点意见》,《社会科学》1985 年第 5 期。

的，看不到这一点，往往就会犯以偏概全的错误。

▶▶历史假设

"历史不能假设!"这是经常听到的一句话。这当然没错：历史一旦发生，我们便无法将它改变，既不能叫它回过去再来一遍，也不可能按照我们的意愿重新改过；它一旦发生，便永远无法追及、无法挽回。然而，我们不能因为历史不能重来，就说"历史不可假设"。不然，人们在日常生活中何以常常会有假设呢？比如，张三外出办事，因路上耽搁了时间，结果事情未办成。张三事后反思，后悔自己没能早点出门，没能事先早做准备；如果早点出门就不怕路上有所耽搁，如果事先做好准备就能提前出门、准点赶到，就能把事情办妥。这是日常生活中你我都非常熟悉、经常使用的假设。

其实，历史学家也经常使用假设来讨论一些历史问题。比如，吕思勉的《三国史话》，说关羽之败虽与其"刚愎而贪功"有关，然"通观前后"，刘备的心计太工和急于并吞刘璋不能不说是一个远因。他说：

> 倘使刘备老实一些，竟替刘璋出一把力，北攻张鲁，这是易如反掌可以攻下的。张鲁既下，而马超、韩遂等还

未全败,彼此联合,以扰关中,曹操倒难于对付了。刘备心计太工,不肯北攻张鲁,而要反噬刘璋,以至替曹操腾出了平定关中和凉州的时间,而且仍给以削平张鲁的机会。后来虽因曹操方面实力亦不充足,仍能进取汉中,然本可联合凉州诸将共扰关中的,却变作独当大敌。于是不得不令关羽出兵以为牵制,而荆州丧失的祸根,就潜伏于此了。①

这一段分析,就使用了假设方法。吕思勉还写有一部中学历史教科书,每篇课文的后面,都附有一些思考题,其中有不少拟题就使用了假设的思路,目的是要培养学生形成一种假设的思维能力。如:

设使当时中国,正值历代所谓盛强之时,能否始终拒绝英人?

设使回乱定后,中国将索回伊犁之事搁起,继续进行勘界,可否?

中、法之战,使中国再行坚持,可得到怎样的结果?②

---

① 吕思勉:《三国史话》,载《吕著史地通俗读物四种》,上海古籍出版社,2020,第 260 页。
② 吕思勉:《更新初级中学教科书·本国史》(第三册),商务印书馆,1937,第 35、46、52 页。

这里的"设使""使",都是要学生对历史进行假设,对史事做一番"非史事"的想象、推论。

与一般的研究方法不同,历史假设是想象一种不存在、未发生的"史事"。它与胡适所提倡的考证研究的"大胆假设,小心求证"也不同。考证史事之所以要"大胆假设",那是因为一时还没能找到充分可靠的史料,而不得不暂时做出一种试探性的推论,但最终的结论仍需要有史料为证据。换言之,史事考证时的假设,仍是探求存在过的史事。而本节所说的假设,并没有客观的史实,它是一种非真实的"史事"。

于是,就引发了有关假设的可用与不可用、假设的可能与不可能的争论。其实,这种争论是不会有结果的。如同围棋的"复局",对局结束了,输赢双方按照对局记录,将刚下完的那盘棋再回演一遍,从中分析对局中招法的优劣与得失。"复局"的目的不是要重下一局,不是要推翻输赢的结果,而是借助"回演",总结对局中的经验教训,供以后对局借鉴。历史学的假设也是如此。史学家郭沫若研究明末农民起义,痛感于起义的失败给历史带来的悲剧性后果,对起义中的种种失误深感遗憾。为此他写下了《甲申三百年祭》,文中使用了一连串的假设:

假使初进北京时,自成听了李岩的话,使士兵不要懈怠而败坏了军纪,对于吴三桂等及早采取了牢笼政策,清人断不至于那样快的便入了关。又假使李岩收复河南之议得到实现,以李岩的深入人心,必能独当一面,把农民解放的战斗转化而为种族之间的战争。假使形成了那样的局势,清兵在第二年决不能轻易冒险去攻潼关,而在潼关失守之后也决不敢那样劳师穷追,使自成陷于绝地。假设免掉了这些错误,在种族方面岂不也就可以免掉了二百六十年间为清朝所宰治的命运了吗?就这样,个人的悲剧扩大而成了种族的悲剧,这意义不能说是不够深刻的。[①]

一九四四年,毛泽东在延安高级干部会议和中央党校的讲演《学习和时局》,两次提到《甲申三百年祭》,说"近日我们印了郭沫若论李自成的文章,也是叫同志们引为鉴戒,不要重犯胜利时骄傲的错误"[②]。很显然,写史的人(郭沫若)和读史的人(毛泽东)都明白:这些假设的重点不是在过去,而是在未来;不是要让历史重演一遍,而

[①] 郭沫若:《甲申三百年》,载《民国丛书第四篇》第74卷,上海书店出版社,1992,第27-28页。
[②] 毛泽东:《学习和时局》,载《毛泽东选集》第3卷,人民出版社,1991,第948页。

是希望当下和以后不要"重犯胜利时骄傲的错误"。上文引用吕思勉对三国史事的假设,也不是说要让刘备活过来重新帮着刘璋与曹操对抗,而是告诫读者:"心计过工,有时也会成为失败的原因的,真个阅历多的人,倒觉得凡事还是少用计谋,依著正义而行的好了。"①

历史研究中还有另外两种假设:一种是用假设来论证既有史实(结果)的合理性、完满性。比如,钱穆在《国史大纲》说:"武王克殷二年,天下未宁而崩。此乃周初一个最严重的局面。不得已乃有周公之摄政。"虽说是"不得已",但也是一个合理的、较为完满的选择。他用假设的方法来论证,说:"若传子,则成王尚幼,不足支此危局。若传弟,先应及管叔,周公知管叔亦不足膺此重任。若传贤,自属周公,(周书度邑:武王谓周公曰:'乃今我兄弟相及。'则武王固有意传周公。)然周公居中主政,嫌于自取,不得已乃奉孺子王而摄政。"②这种假设,如同考据中的反证或论证中的修辞。另一种历史的假设,既不是出于对史事及其结果的遗憾和不满,也不是为了论证史事及其结果的合理、完满,而仅仅是考量史事的种种可能性,如

---

①吕思勉:《三国史话》,载《吕著史地通俗读物四种》,上海古籍出版社,2020,第261页。
②钱穆:《国史大纲》,商务印书馆,2002,第41页。

计量史学的反事实假设。美国计量史学家富格尔曾做过一个反事实的假设研究：假设没有铁路，那么对十九世纪的美国经济会产生怎样的影响和结果。这两种假设，在我们的日常生活中也都经常使用。有时，我们对事情发展的后果很满意，但也会假设如果事情不是这样发展，会产生怎样的后果。有时，我们花了九牛二虎之力才把事情做成，事后也会假设如果当时不这般用力，事情是否也能做成。这两种假设，都不是想把事情推翻重来，但对于我们理解史事及其复杂性却是有意义、有价值的。

其实，有关历史假设的争论，症结不在于假设方法的可不可用，而是在具体的研究中，哪些史事可以假设，哪些史事不能假设。人们之所以要研究历史，不仅仅是因为要记取已经发生的史事，明白已经造成的后果，还要反思历史的失误、教训和遗憾。借助假设的方法，去探讨历史的种种可能性，这当然不可能改变已经铸成的历史，但可以以史为鉴，避免重蹈覆辙。这就是古人所说的"往事不可追，未来犹可期"。所以，历史可以有假设，历史学者也应该学会假设。

▶▶时空移位

《普通高中历史课程标准（2017年版2020年修订）》，

在陈述教学目标时,强调学生要学会"将认识的对象置于具体的时空条件下进行考察""能够在不同的时空框架下对史事做出合理解释"①。这两条教学要求,具有方法论的意义,对于培养学生的历史的思维能力和素养,至关重要。

为什么这两条教学要求,具有方法论上的意义？那是因为它实质上是要求学生学会历史研究中的视域转换。这里说的视域,有时是时间上或空间上的,有时是时空兼有的。换言之,我们要学会在一定的时空点位考察历史,也要学会变换了时间点位去考察历史。这像是园林赏析中的"一步一景"和"移步换景"。比如,吕思勉的《中国通史》有这么一段叙事：

> （汉时的）西域都是些小国,汉攻匈奴,并不能得它的助力,而因此劳费殊甚,所以当时人的议论,大都是反对的。但是史事复杂,利害很难就一时一地之事论断。（一）西域是西洋文明传布之地。西洋文明的中心希腊、罗马等,距离中国很远,在古代只有海道的交通,交流不甚密切,西域则与中国陆地相接,自近代西力东渐以前,

---

① 教育部基础教育课程教材专家工作委员会普通高中课程标准修订组：《普通高中历史课程标准（2017年版 2020年修订）》,人民教育出版社,2020,第6页。

中西的文明，实在是恃此而交流的。（二）而且西域之地，设或为游牧民族所据，亦将成为中国之患，汉通西域之后，对于天山南北路，就有相当的防备，后来匈奴败亡后，未能侵入，这也未始非中国之福。所以汉通西域，不是没有益处的。但这只是史事自然的推迁，并非当时所能豫烛。①

前几句说因为"劳废殊甚"而当时（汉代）的人"大都是反对"的。这是身临其境的考察，是"一时一地"的视域；后面（一）（二）两点的叙述，那是放长时段、放宽空间后的视域，说"汉通西域，不是没有益处"，那是"移步""换景"后的观察。前者是"一步一景"，后者是"移步换景"，时空的定位与移位，让我们对史事及其影响有了较为全面的了解。视域的定位与移位，是历史研究中很常见的方法。近年来，学者葛兆光提出不仅要"从中国看中国"，还要"从周边看中国"；又强调"到后台看历史卸妆"。说的都是这种方法②。

不过，历史认识毕竟不同于园林的赏析——对历史场景的考察，需要借助史料、史书才能达成。史料或史书

---

① 吕思勉：《中国通史》，上海古籍出版社，2020，第343-344页。
② 朱强：《葛兆光：从"周边"发现"中国"》，《南方周末》2011年10月6日。葛兆光：《到后台看历史卸妆》，四川人民出版社，2021，第25-28页。

所记载的，大都是"一步一景"；有时不做"移步"，"换景"就会有所遮蔽；读者若不能有意识地"移步换景"，就会限于"一景之见"。比如，钱穆《国史大纲》有一段写隋唐的三省制：

> 君权、相权本是两汉文治政体相辅为治的两面。魏晋以来，政治意识堕落，政府变成私家权势之争夺场，于是君权、相权不相辅而相制。……直要到政治意识再转清明，政府渐上轨道，则君臣相与之意态亦变。君、相仍为相辅而治，而非相克成敌。其时则魏晋以来私机关，又一变而成政府正式的首领官，完全实替了秦汉时代的相权，而即以扶翼君权，共同组成一个像样的政府。此种转变，无异于告诉我们，中国史虽则经历了四百年的长期纷乱，其背后尚有活力，还是有一个精神的力量，依然使中国史再走上光明的路。唐代中央最高机关，依然是魏晋以来的尚书、中书、门下三省。但他们现在已是正式的宰相，而非帝王之私属。①

这一段话，是站在唐初的时空点位上所做的考察，截取唐以前约四百年为时空视域的框架。站在这个时空点位上，作者叙述魏晋以来以相权为首的中央政府是如何

---

① 钱穆：《国史大纲》，商务印书馆，2002，第 393-394 页。

一步步成为君权的"私属",到隋唐时,又如何最终摆脱"私属"的历史过程,并从中提升出历史的"活力"和"精神的力量"。这只是历史考察中的"一步一景"。要学会"能够在不同的时空框架下"的历史考察,那就要"移步换景",把时空视域放大、拉长。这时,你会看到另一种情况:从唐中叶起,三省制就遭到了破坏,出现了使职差遣制(以他官居宰相职),到唐后期,使职差遣制逐渐取代了三省制。使职差遣,实际就是变了名目的"私机关"或"私属"。如果再"走近细看",即使在唐初三省制刚建立之时,以各种名义参政而实际成为宰相的事情也常有发生,如贞观年间杜淹以检校吏部尚书"参与朝政",魏徵以秘书监"参与朝政"等。古人说唐代宰相名号最为不正,就是由此[1]。其实,《国史大纲》也做了"移步换景"的考察,作者认为:宋时"渐渐有一个像样的、上轨道的中央政府"。但到了明代,"废去宰相,正式将政府直辖于王室","自秦以来辅佐天子处理国政的相位,至是废去,遂成绝对君主独裁的局面",这是"中国传统政治"之"恶化"。[2]但凡你不限于"一步一景",而自觉地去"移步换景",你能

[1] 严耕望:《中国政治制度史纲》,上海古籍出版社,2013,第143页。关于中唐以后的相权演变,可参看陈仲安、王素:《汉唐职官制度研究》(第一章第六节),中华书局,1993。

[2] 钱穆:《国史大纲》,商务印书馆,2002,第527、668、666、665页。

看到就是较为全面的历史场景——"私机关"和"私属"的现象并未根绝,那么前文所谓"活力""精神的力量"似乎仅是唐初的昙花一现。

借助上文的案例,我们就能明白:历史学习(其实历史研究也如此)既需要"一步一景",也需要"移步换景";那就是《普通高中历史课程标准(2017年版2020年修订)》上写的:要学会"将认识的对象置于具体的时空条件下进行考察",还要学会"能够在不同的时空框架下对史事做出合理解释"。

园林的设计和建筑,总是"集千万美景于一地"。如果历史书写也采用这种方式,那就失去了历史的真实性。这种"集千万美景于一地"式的历史著述,以美国历史教科书为极端。美国学者詹姆斯·洛温写过一本《老师的谎言——美国历史教科书中的错误》[1],他在书中批评美国的历史教科书把这个国家美化为一个英雄。他说:"美国的教科书似乎告诉人们,今天的这个国家与一七八九年所创建的那个国家没什么不同,联邦政府依然是人民的公仆,易于管理,易于驾驭。教科书所塑造的是一个英

---

[1] 詹姆斯·洛温:《老师的谎言——美国历史教科书中的错误》,马万利译,刘北成校,中央编译出版社,2009,第243、249页。

雄的国家,它与它的其他英雄人物一样,完美而不带任何瑕疵。至于它的一些不太体面的事实,要么语焉不详,要么干脆回避。于是,教科书所刻画的美国基本上是个理想主义的行动者,把大多数的成功都归功于政府。"①

其实,这样"集万千美景于一地"的做法,在日常生活中也很常见。比如拍照集影,总是把取景最美、形象最佳的一些留下来,而把不美、不佳的照片删去。这样的做法,我们并不视为不正常。但是,詹姆斯·洛温的书也提醒我们:这种做法一旦趋于极端,它就会把历史书写变成"历史的谎言"。说它是历史的谎言,似乎有些言之过重。但无论如何,当你读了詹姆斯·洛温在书中揭示的美国历史的许多真相,再来看看美国的历史教科书,确实有一种被欺骗的感觉。

历史学习自然是从"一步一景"——"将认识的对象置于具体的时空条件下进行考察"开始的,由此获得的知识,也只是在这个时空框架下才能成立。而进一步,则要学会"移步换景"——只有学会在"不同的时空框架下"对

---

① 如援助伊朗"沙阿"派,废黜首相摩萨台;参与推翻 1954 年危地马拉民选政府;操纵 1957 年黎巴嫩选举;卷入 1961 年谋杀扎伊尔民族英雄卢蒙巴行动;一再企图谋杀古巴领导人菲德尔·卡斯特罗;参与推翻 1973 年智利民选政府;等等。

史事进行多重的观察，你的认识才不会被时空框架所限制，你才能摆脱"时空框架"所隐含的认知陷阱。回看本章所介绍的各种方法，也都要注意由"一步一景"到"移步换景"，否则也会陷入方法上的陷阱。

学史须知

> 历史是维新的证佐,不是守旧的护符。惟知道历史,才知道应走的路,才知道自己所处的地位,所当尽的责任。
>
> ——吕思勉

▶▶淘汰与更新

当有人提醒你,学习历史,要与时俱进。你听了,不会感到惊讶。俗话说"活到老,学到老",任何一门学科的学习,都是知识无涯、学无止境,所以要与时俱进。如果某人补充说:我说的与时俱进,不只是学无止境,而是历史学习要有不断的淘汰和更新.—— 有些学过、记过,甚至考过的知识,要及时地淘汰、不断地更新。这就有点奇怪了。

什么是历史学？

各种学科的学习，各有不同。像数学、物理、化学等学科，小学、初中学过、考过的知识，是不会淘汰，不需要替换、更新的。"1＋1＝2"，这是读小学时（甚至读幼儿园时）学过的，虽说"旧"，但不会淘汰，不会说到了初中、高中，乃至大学学习时，它会等于"3"、等于"4"。学过的知识不会淘汰，其实也就无所谓"旧"，或说虽"旧"犹"新"。在这些学科里，学习是积累的，知识是有确定性的，所谓"活到老，学到老"，只是强调知识无涯，学无止境。然而，在历史学里，情况就有些不同。

如果二〇一七年时你是在读的七年级学生，历史教科书告诉你："夏朝的中心地区主要在今山西南部、河南中西部一带。考古学者在洛阳平原发掘出夏王朝的一座都城遗址——二里头遗址，这里有宫殿建筑群、大型墓葬和手工业作坊，还有平民生活区和墓葬群，反映了夏王朝的阶级分化和等级界限。"[1]你需要记住的知识是：二里头就是夏朝的一座都城遗址。三年以后，当你进入高中一年级，你使用的历史教科书则告诉你："考古学家在河南

---

[1] 齐世荣总主编《中国历史（七年级上册）》，人民教育出版社，2016，第18页。

洛阳偃师发现的二里头遗址，很有可能是夏文化的遗存。"①这时，你就需要对三年前学过的知识进行调整，把原先记住的"就是"，改记为"可能是"。再过几年，如果你进入了大学，读的是历史专业，那么授课老师或会告诉你：不能"一看到大型的建筑基址就说是宫殿，然后就由此推导出一个王甚至一个国家的存在"；不能"一见夯土围墙就是城址和都邑，并力求和文献上的某项记载相对应"。那种把"二里头文化＝夏文化＝夏民族＝一批有特色的器物分布＝夏国＝夏国的疆域"的推理，还不能获得学界的普遍认同②。这时，你又要及时地把几年前学过，或者考过的"可能是"，改为"可能不是"。这样的学习方式，对于数学、物理或化学之类的科目而言，是不可思议的，但它是历史学习的常态。在这里，学习并不意味着单纯地接纳新知，同时也还意味着要纠正、淘汰旧知③。这是历史教学的一个特点。

---

① 张海鹏、徐蓝总主编《中外历史纲要（上）》，人民教育出版社，2019，第5页。
② 陈淳、龚辛：《二里头、夏与中国早期国家研究》，《复旦学报》2004年第4期。
③ 前文提到的陕西半坡出土的"尖底瓶"也是一个实例。长期以来，学界一直认为它是取水器，并把它作为确定性的历史知识写入教科书。但现今的教科书只能把相关的研究情况写成一种学术研究动态的介绍。参见王斯德主编《中国历史（七年级上册）》，华东师范大学出版社，2016，第9页。

历史的教学为什么有这种特点?其实这不难理解。

我们知道,对于过去的认知,都是依据着史料而建立的,新发现的史料,就能建立起新的历史认知,或是改写原先已有的认知。比如,一九七二年山东临沂银雀山一号汉墓出土了两种竹简"兵法",另一种是《孙子兵法》,一种是亡佚了两千多年的《孙膑兵法》,这就证明了历史上曾存在过两个孙子,即吴孙子武和齐孙子膑,而这两个人,以前一直被认为是一个人。由于新史料的发现,原先的这些认知被证明是错的,或被推翻,或须改写。历史书中有关的历史知识,就需要随时更正重写,甚至省略删除。

对过去的认知,一方面靠着史料提供的信息,另一方面也是靠史学家的研究——运用正确的研究方法、技术手段,才能获得正确的认识。反之,如果我们运用的方法、手段不正确,所获得的历史认知自然也就不会正确。自二十世纪五十年代后,历史教科书都写有东汉张衡发明候风地动仪,以及配有地动仪模型的图片。张衡的地动仪制作于公元一三二年,《后汉书》中有近二百字的记载。二十世纪五十年代,有学者依据这段记载,复原了一座候风地动仪的模型,被认为是当年中国科技史研究的一大成果。候风地动仪模型被陈列于博物馆,被印制成邮票,图片也被收录在历史书或历史教科书里。然而,自模型制成之日起,就有学者质疑和批评,理由是地动仪模型使用的"直立杆原理",实际上并不能用来测量地震。随着研究的深入,这些质疑和批评逐渐被学界接受,并形成了共识:地动仪的复原模型是错误的[①]。于是,在二〇一七年使用的初中历史教科书里,已不再有关于张衡的候风地动仪以及复原模型的图片等内容。这一年在读的初中学生,自然不会学习有关张衡及其地动仪的历史知识。但是,对于已经学过、记忆深刻的老学生,他就要处理这些学过的、被证明是错误的历史知识。

任何人,如果某一天他不再继续学习历史,那么他所有的历史知识就停留在中止时的状态,其中不少像张衡地动仪之类的错误知识,被当作正确的历史知识,一直保存在他的记忆中,并为他深信不疑。如果他一直在继续着学习,那么这些错误的知识,也不能像删去电脑信息那样地抹去清零。为了纠正或淘汰旧知,他必须学习更多的有关张衡及地动仪的新知:史书上的记载何以要重新

[①] 这里说的错误,并不是否认张衡曾制作过候风地动仪,而是说对它做这样的解读并制作出这样的模型那是错误的。肯定前者,并不等于也要肯定后者;否定后者,不等于也要否定前者。目前学界的有关讨论,有些将这二者混为一谈。

解读?"直立杆原理"何以不能用来复原地动仪?他还会面临许多新的疑问:古人的地动仪究竟是怎么制作的?关于地震之类的自然现象,古人如何能测知?他们的认知达到怎样的水平?后人如何抛开现代的理论观念,而按照古人的认知水平、状况去复制出接近原貌的地动仪?等等。

任何一位历史的学习者,都需要时不时地反身自问:已经学习过的历史知识,有多少至今还能成立、还算可靠?有多少虽能记忆,却已是错误,需要纠正、淘汰或更新的?总之,历史学习是一项终身不可间断的认知活动,不仅是"知识无涯,学无止境",还需要与时更新,需要经常"刷新"知识的储存器,纠正、淘汰一些不能成立的错误知识。这种纠正、淘汰和更新,是历史学习的常态,即便是史学领域的专家学者,也是如此。

▶▶ 质疑与复核

如果历史的学习,全是除旧布新,虽然"低效",倒也容易。只要把新、旧按时间先后来梳理,但凡新、旧有矛盾的地方,我们只要接纳新的,抛弃旧的,就可以学好、考好了。但事实却非如此简单。在这个学科里,有些新近书写、新近出版的史书或教科书,其中涉及的某些历史知识反不如早先的正确,反而会有一些错误,并不能径直拿来替换旧的——历史书并非总是新胜于旧、今胜于昔。

比如,中国作为第一次世界大战的战胜国,却未能在一九一九年的巴黎和会上收回山东的权益。晚近以来的教科书大都是这样写的:"一九一九年一月至六月在法国巴黎召开所谓的'和平会议'。作为战胜国之一的中国政府也派代表参加了会议。中国代表在会议上提出取消帝国主义在华特权、废除'二十一条'、收回青岛主权等正当要求。然而,英法美等列强操纵了会议,对中国的要求置若罔闻,竟然将德国在中国山东的特权全部转让给日本。"[1]但七八十年前的历史教科书,还特地指出一九一八年北洋政府与日本签订的《山东问题换文》以及北洋政府在回复日本外务省照会时表示的"欣然同意"等史事,是战后未能收回山东权益的一个重要原因[2]。就史学求真的目标来衡量,应该承认新出的教科书不如旧时的教科书写得全面、客观。

---

[1] 齐世荣总主编《中国历史(八年级上册)》,人民教育出版社,2017,第59-60页。

[2] 如顾颉刚、王钟麒的《现代初中教科书·本国史》(商务印书馆,1923年初版),现有中国工人出版社2007年的重印版,改名为《中国史读本》,参见第300-303页。吕思勉的《复兴高级中学教科书·本国史》(商务印书馆,1934年初版),现有中国工人出版社2007年的重印版,改名为《中国简史》,参见第462-464页。

又如，二〇一九年出版的一本历史教科书，说："约公元前二〇七〇年，禹建立了我国最早的奴隶制国家夏朝。"①历史学是一门讲证据的学科，夏朝是不是奴隶制国家，这要有史料、史实的证据才能下断言。夏朝的史料，屈指可数，凭着现有的这些史料，编写者是如何断言夏朝有奴隶或夏朝的社会是奴隶制性质？书中没有提供史料证据，与教科书配套的教师用的教学参考书也没做具体的解释。如果你是这一年的高中学生，几年前即初中时学过的历史教科书里并没有"禹建立了我国最早的奴隶制国家夏朝"的写法②。这时，你就不能径直地接受新知、淘汰旧知。再如，教科书上有一课写"辽宋夏金元的经济与社会"，课文写道："（宋代）煤的开采量很大，都城东京的居民普遍使用煤作燃料。"③这也是此前教科书中未曾写有的新知识。然而，北宋汴京的居民是不是已经普遍用煤作燃料？在学界已有深入的研究，大多数学者的观点：验证于史料，北宋汴京居民

---

①张海鹏、徐蓝总主编《中外历史纲要（上）》，人民教育出版社，2019，第5页。

②比如2016年版[王斯德主编《中国历史（七年级上册）》，华东师范大学出版社2016年版，第20-23页]和更早一些的2006年版[苏智良主编《中国历史（七年级第一册）》，华东师范大学出版社，2006，第13-14页]的教科书，都没有这样的叙述。

③张海鹏、徐蓝总主编《中外历史纲要（上）》，人民教育出版社，2019，第60页。

的燃料还是以薪柴为主,至少也是薪柴与煤参半①。见到这样的情形,你也不能简单地除旧更新。

这些案例说明了,历史学习不是单纯的、单向度的吸收接纳,不能做单向度的接收器或复读机。它要有所批判、有所质疑。这也是历史教学的特点:批判与质疑是历史学习的常态。正如有学者说:"(历史学家的)使命本质上是质疑现有的历史论述,去反抗、去抵制种种主流的历史理解。""我们讨论的历史,我们所使用的历史,我们所说的历史,多半都是靠不住的、经不起追究的"②。

俗话说:"打破砂锅问到底。"历史知识常常经不起追问。一经追问,里面的问题便暴露无遗。比如,通常认为,秦统一以后,"嬴政自称'始皇帝'……皇帝之下设三公九卿,三公即丞相、太尉、御史大夫,为主要辅佐大臣"③。大部分历史教科书,甚至一些工具书也都是这么写的。但是一经追究,疑问多多。说秦有太尉,始见东汉班固《汉书·百官公卿表》里的

---

① 严耕望:《怎样学习历史——严耕望的治史三书》,辽宁教育出版社,2006,第34页。原来这个看法最早是日本学者提出的,他们之所以有这样的估量,那是因为他们把文献中的"炭"(木炭)都误认为是"石炭"(煤)。
② 罗新:《有所不为的反叛者:批判、怀疑与想象力》,上海三联书店,2019,第7页。
③ 张海鹏、徐蓝总主编《中外历史纲要(上)》,人民教育出版社,2019,第15页。

记载,但查遍秦的历史(秦国和秦朝),未见有太尉一职,未见有谁担任过太尉一职,不知道它究竟有怎样的职权。自秦孝公至秦统一的百余次战争,统军作战的长官有丞相、将军、庶长、大良造、左更、五大夫、尉,以及称封君、客卿的长官,但并无太尉一职。且这些率军作战的长官均为临时任命派遣,事毕解除兵权,并不常设。秦统一后,重大国政未见有太尉的参与。如秦始皇二十六年议帝号,有丞相、御史大夫、廷尉参与,无太尉;二十八年琅邪刻石,有武城侯、通武侯、建成侯、昌武侯、武信侯、丞相、卿、五大夫等衔名,亦无太尉。通常说汉承秦制,那能否用汉制来推测秦制呢?然而太尉在汉初,也是置废不常,见置的时间前后合计不过二十余年。秦的重要武职有国尉,即便太尉就是国尉,也不能说它是最高的武官。据《商君书》的记载,秦的大将有卫队四千人,国尉仅有一千人,官位显然比大将低。再说"三公"制度,秦和西汉并无三公,御史大夫的职位很重要,但丞相是"金印紫绶",御史大夫只是"银印青绶",地位比丞相低,不能与丞相并立。"三公"作为法定的官名,那是汉成帝时的事;而三公制的正式施行,那是要到东汉。而东汉时的"三公",名义上虽是最高官职,实际上并无实权[1]。你看,就这短短的三五十字的叙

---

[1] 严耕望:《中国政治制度史纲》,上海古籍出版社,2013,第58、65页。庄春波:《关于秦"国尉"与西汉"太尉"的几个问题》,《青海社会科学》1990年第1期。

述,竟有这么多可疑难解之处!

然而,历史研究就是要在不疑处有疑,历史学习也要学会批评与质疑。在这里,除了养成批评、质疑的意识,养成刨根问底的思考习惯以外,还可以学学复核查考的方法。从前,史学家陈垣曾给学生开设过一门"史源学实习"课,教学生学会从史源上鉴别史书的讹误。狭义的史源,主要是查找史料的来源,通过复核查考史料的原文,来验证某个历史结论是否可靠。广义的史源,也可以包括各种史学著述,通常可以就某一问题去查找、比对史学著述中的不同论述,找出问题的症结,再去复核原始史料,以鉴别其是非正误。《普通高中历史课程标准(2017年版2020年修订)》要求学生学会"在尽可能占有资料的基础上,尝试验证以往的说法"[①],这就是历史学习中的质疑与复查。

▶▶打通古今,合同而化

学习历史,未必一定是去当历史学家;思考历史,未必是为了解开历史上的一些难题。所以,历史学中的一些高端的、专精的研究方法,读者可以知晓、了解,却未必

[①] 教育部基础教育课程教材专家工作委员会普通高中课程标准修订组:《普通高中历史课程标准(2017年版 2020年修订)》,人民教育出版社,2020,第44页。

一定要去训练学习。但是,打通古今来思考问题,则是人人应该学习的思维方法,哪怕你不想做一名史学工作者。这是因为生活之中,我们时时刻刻会遇到各种各样的实际难题,而这些现实的难题,都需要从历史方面去理解、去解答。

打通古今,不仅是由今及古,同时也是由古及今,它是一个双向的认知过程:一方面是"通过过去来理解现在",另一方面又是"通过现在来理解过去"[①]。古与今,就好比认知活动中的两扇窗,它们应该一起开启、互相洞明。史学家陈寅恪曾现身说法,讲述过他如何打通古今,以达到对古事、今事的双向理解。他说:

> 寅恪侨寓香港,值太平洋之战,扶疾入国,归正首丘……回忆前在绝岛,苍黄逃死之际,取一巾箱坊本《建炎以来系年要录》,抱持诵读。其汴京围困屈降诸卷,所述人事利害之回环,国论是非之纷错,殆极世态诡变之至奇。然其中颇复有不甚可解者,乃取当日身历目睹之事,以相印证,则忽豁然心通意会。平生读史凡四十年,从无似此亲切有味之快感,而死亡饥饿之苦,遂亦置诸度量之

[①] 雅克·勒戈夫、皮埃尔·诺拉主编《史学研究的新问题新方法新对象》,郝名玮译,社会科学文献出版社,1988,第16页。

外矣。①

他又补充说：

辛巳冬无意中于书肆廉价买得此书。不数日而世界大战起,于万国兵戈饥寒疾病之中,以此书消日,遂匆匆读一过。昔日家藏殿本及学校所藏之本虽远胜于此本之讹脱,然当时读此书犹是太平之世,故不及今日读此之亲切有味也。②

原来,南宋史学家李心传的《建炎以来系年要录》,陈氏在早年已经读过一遍,但那时只是在书本上读懂了历史,尚有很多地方"不甚可解者"。直到一九四一年太平洋战争爆发,他往来于内地与香港之间,以自身经历及目睹之现状与书上所述"汴京围困屈降诸卷"相印证,方才"豁然心通意会",且"亲切有味"。从"不甚可解"到"豁然心通意会",陈氏不是借助训诂、注疏的方法,而是将书本上的记载与亲身之经历及所见、所闻、所感相参照。于是,以前不能理解的诸如"汴京围困屈降诸卷,所述人事利害之回环,国论是非之纷错,殆极世态诡变之至奇",此

---

① 陈寅恪:《金明馆丛稿二编》,上海古籍出版社,1980,第234页。
② 陈寅恪:《讲义及杂稿》,生活·读书·新知三联书店,2002,第445页。

时获得了"心通意会""亲切有味"的真理解。

　　读者或许会说,陈氏是史学大家,他的研究非常专门,非初学者能够模仿。其实,打通古今的思维方法,一方面是从过去来解读现在,另一方面又是从现在来解读过去,这在我们平日生活里并不陌生,只是不能形成自觉的意识。所以,许多史学名家教人学史,就强调要打通古今,希望学生能养成一种自觉的意识,多多关注现状,保持古今沟通上的畅通无阻;而不是有意识地回避现状,有意无意地割裂,甚至隔绝它们。正如马克·布洛赫所说:

　　各时代的统一性是如此紧密,古今之间的关系是双向的。对现实的曲解必定源于对历史的无知,而对现实的一无所知的人,要了解历史也必定是徒劳无功的。……只有置身于现实,我们才能马上感受到生活的旋律,而古代文献所记载的情景,要依靠想象力才能拼接成形。……人们总是自觉或不自觉地借用日常生活经验,并加以必要的取舍,赋予新的色彩来再现历史。若对活着的人一无所知,那么,我们用以描绘古代观念和已消亡的社会组织形式的名词,也就变得毫无意义了。……一位数学家的伟大,并不因为他对现实世界懵然不知而有所减色;但是,一个学者如若对周围的人、物或发生的事件漠不关心的话,那么,如(比利时历史学家)皮雷纳所言,应该将他称为古董迷,而不该称为历史学家。①

史学家吕思勉也认为,过去与现在是交相为用的,但后者的作用更为重要。他说:

> 读书与观察现社会之事实,二者交相为用,而后者之力量实远强于前者。我们对于学问的见解,大概观察现社会所得,而后以书籍证明之。断无于某项原理茫然不知,而能得之于书籍者也。②

换言之,单纯地阅读书本,而不把它与"观察现社会所得"通贯解读,你只能在字面上读懂历史,而不能真正读懂历史。

总之,学习历史,要能够在思维上"穿梭于"历史与现实之间,要养成一种透过现状(或历史)去洞察过去(或现状)的能力和素养。这种能力和素养,不能光靠读书,而更多地来自现实的生活观察和阅历,来自他对现实生活的介入和关切。史学家费弗尔曾呼吁史学家:"全身心地投入生活中,沉浸在生活之中,沐浴在生活之中,把自己和人类生存打成一片,这样在研究和重建过去时,他就能

---

① 马克·布洛赫:《历史学家的技艺》,张和声、程郁译,上海社会科学出版社,1992,第36-37页。
② 吕思勉:《张芝联〈历史理论引论〉按语》,《文哲》1939年第1卷第8期。

获得十倍的力量。"①史学家余英时也说:"学历史的人,至少应该有严肃感、尊严感,对生命有严肃感的人,才能真正懂得历史,有严肃感的人,对他的时代,必须密切地注意,决不能将自己关在书房里,只管自己书桌上的事情,好像其他世上的一切皆与我不相干一样。这虽也是一种态度,不过这样的史学家毕竟是少数。一般来讲,大的史学家,他对于时代的感觉是紧密的。"②历史学既是一门有关过去的学科,也是一门有关现实的学科;历史学家既关心着过去,又关心着现实和未来。所以"真的学问,在空间不在纸上"③。要将"书本的记载,和阅历所得,合同而化,才是真正的学问"④。古人所谓"世事洞明皆学问,人情练达即文章",说的也是这个道理。

▶▶读史不受史书"欺"

假如某地发生了一起矿难事故,你或许会看到下面

---

① 刘昶:《人心中的历史》,四川人民出版社,1987,第248页。
② 余英时:《史学、史家与时代》,载《历史与思想》,联经出版事业公司,1976,第265页。
③ 吕思勉:《蠹鱼自讼》,载《吕思勉诗文丛稿(下)》,上海古籍出版社,2020,第797页。
④ 吕思勉:《从我学习历史的经过说到现在的学习方法》,载《吕思勉论学丛稿》,上海古籍出版社,2020,第577页。

两种新闻报道：

一、某月某日，某地有一煤矿发生瓦斯爆炸，有关部门第一时间赶赴现场，组织抢救。目前各类抢救人员及机械都抵达现场，营救工作即将展开，有关事故的原因还在调查之中。

二、某月某日，某地有一煤矿发生瓦斯爆炸，当班的矿工被困井下。目前井下仍有明火燃烧，情况复杂，营救工作无法展开。焦急的矿工家属在矿区外守候了一天一夜，而有关事故的原因众说纷纭，有关部门仍未给出确切的解释。

这两则新闻报道，所写的都是事实，都没有虚构的成分。但读者不难看出，事实经过筛选、组合和编排，就会带来完全不同的阅读效果。而这个阅读效果，是编写者预先设想的，不同的新闻报道，源自不同的编写者的预期设想。这就是英国史学家爱德华·霍列特·卡尔所说的："每一个新闻记者今天都知道，影响舆论的最有效的办法就是靠选择和安排适合的事实。"[1] 其实，这种现象不仅存在于新闻报道中，也存在于我们所读的各种历史书里。

---

[1] 爱德华·霍列特·卡尔：《历史是什么？》，吴柱存译，商务印书馆，1981，第6页。

历史学是一门讲究证据的学科,历史叙事依据的当然都是史实。但由此而相信历史学家会写出同样的历史书,那就把事情看得太简单了。读史学家钱穆所写的书,你能体会到他很喜欢写传统社会中的士大夫。如他的《国史大纲》的西汉一章,标题就有"统一政府文治之演进""西汉初年的士人与学术""士人政府之出现"等。为什么要突出这些史事呢?因为作者的看法是:"汉政府自武帝后,渐渐从宗室、军人、商人之组合,转变成士人参政之新局面。""士人们在政治上逐渐得势,他们所抱的政治思想,要逐渐发挥效力。""自此汉高祖以来一个代表一般平民社会的、朴素的农民政府,现在转变为代表一般平民社会的、有教育的、有智识的士人政府,不可谓非当时的又一进步。"①即从平民社会里选出它的优秀分子——士大夫,由他们来组成政府,领导社会。这是中国文化的特色,也是它的长处,怎能不大书特书呢?读吕思勉所写的汉代历史,着墨最多的是汉代的社会改革。在他的书里,你会看到许多同类史书不太提及的人和事,如写眭弘、盖宽饶劝汉帝求贤人,禅以帝位;写贡禹建言朝廷废奢侈之事,而多行宽恤民力之政;至于贾谊之禁奢言论,董仲舒言汉代社会习俗之薄恶,也是一般写汉史者所不甚留意

---

① 钱穆:《国史大纲》,商务印书馆,2002,第148-150页。

的。为什么要特显这些人和事呢?因为按吕先生的看法,中国至迟到秦汉之后,社会已进入了病态,非有一番改革更新不可,而汉儒都抱有改革社会的志向。自王莽改革失败后,"治天下不如安天下,安天下不如让天下安"遂成金科玉律。然而,病态之社会如何能听其流迁,而不尽力去改革它呢?故汉代的改革,自当在我们的历史书中特加重视①。钱氏、吕氏的著述,都写作于二十世纪三四十年代,相隔二十余年之后同类著述,写得较多的则是"秦汉时代的阶级构成""两汉的生产力发展水平""阶级矛盾与农民起义"等主题;再过二十余年,历史著述又多写"文景时代的休养生息""武帝时代的中央集权""西汉王朝的疆域扩张"等主题。这些史书的书写,都依据了史实,而其在史事的筛选、组合和编排上的不同,全是因为作者的书写目的及他预设的阅读效果,各不相同。

史书的编写,不可避免地带有作者的编写目的或预期的阅读效果。所以,要读懂一本书,先要读懂编写这本书的人;读懂他为什么这样写,他是为谁而写;甚至还要注意他的写作或出版的年代。有学者说:"拿过一本历史著作时,只找一找标题页上作者的名字是不够的,还应该

---

① 吕思勉:《中国政治思想史十讲》,载《中国文化思想史九种(下)》,上海古籍出版社,2020,第785-795页。

找一找出版或者写作的年代。"①因为写作或出版的年代,会告诉你:它在多大的分量上,是史学家个人在书写;在多大的分量上,是他所生活的那个社会、那个时代在书写②;在多大的分量上,他只是书写了社会、时代所允许写、提倡写的史事;在多大的分量上,他写出他个人认为重要的、应该写的史事,写出了他个人的看法和意见。

历史研究就其起源和本质而言,原本是一项公益性的事业,它应该是出于对整个群体命运的关怀,而不带有任何私人的目的和利益取向。所以,怎么写、为谁写,原不是一个问题。但是,自从进入文明时代后,"著述只为稻粱谋",当历史研究成为一种职业、一种谋生手段,历史学就开始逐渐走向它的反面;尤其是历史的话语权为统治者所垄断之后,史学就发生了异化,逐渐失去了它应有的公益性。人们常说,历史是胜利者所写的;后人能读到的只是胜利者所写的历史。其实这也未必。即便如此,只要你明白史书编写者的意图,你就不会落入他设下的"陷阱"。如上文所引的美国历史教科书,学者詹姆斯·

---

① 爱德华·霍列特·卡尔:《历史是什么?》,吴柱存译,商务印书馆,1981,第 42 页。
② 爱德华·霍列特·卡尔:《历史是什么?》,吴柱存译,商务印书馆,1981,第 34 页。

洛温批评美国的历史教科书充满了谎言,如果你明白了这些教科书是为美国政府而写,不是为美国人民而写,那么你就能透过这些谎言而读出历史的真相。有道是"读书不受古人欺",我们也可以说"读书不受史书欺"。这里的"欺",当然不全是欺骗,而是一种局限、限制。读书如何才能不为史书所限,那就是:要读懂一本历史著述,先得读一读这本书的作者,甚至读一读作者所生活的时代和社会;只有读懂了作者,读懂了作者所生活的时代和社会,才能真正读懂他的著述。这也是历史学习的一个特点①。

▶▶不可滥用历史

传统时代的史学,最看重史学的经世致用。但史学的经世,最怕的是滥用、误用了历史。

经世,就是经营的意思②,史学的经世,有狭义和广义两种。狭义的经世,专指治理国家大事;广义的经世,可以用来泛指经营各种各样的事情。

我们知道,传统时代的史学家都有一种强烈的经世

---

① 学习一个物理学或化学的公式,我们不必知道它的作者是谁,更不必知道作者所生活的时代和社会,我们同样可以正确地学习、运用这些公式。
② 吕思勉:《吕思勉谈经世》,《光华学刊》1941年创刊号。

意识，这实在是一种狭义的经世。司马光的《资治通鉴》，就是这方面的代表。在呈给神宗皇帝的表文中，司马光希望皇帝能够"鉴前世之兴衰，考当今之得失，嘉善矜恶，取是舍非，足以懋稽古之盛德，跻无前之至治，俾四海群生，咸蒙七福"。然而，无论是宋神宗，还是后来的哲宗、徽宗，甚至历代的帝王，都辜负了司马光等史学家的一片苦心。这就像黑格尔所说的：

> 人们惯以历史上经验的教训，特别介绍给各君主、各政治家、各民族国家。但是经验和历史所昭示我们的，却是各民族和各政府没有从历史方面学到什么，也没有依据历史上演绎出来的法则行事。每个时代都有它特殊的环境，都具有一种个别的情况，使它的举动行事，不得不全由自己来考虑、自己来决定。当重大事变纷乘交迫的时候，一般的笼统的法则，毫无裨益。回忆过去的同样情形，也是徒劳无功。[1]

为什么人们没能从历史中"学到什么"？黑格尔的这段话，说出了一个原因："一般的笼统的法则"并不能死板地搬来应对"特殊的环境"中的"个别情况"。这是读史用以经世常见的错误——"执陈方以医新病"。"一般的笼

---

[1] 黑格尔：《历史哲学》，王造时译，上海书店出版社，2001，第6页。

统的法则"是"陈方",或许曾经也是"良方";在社会变迁较缓慢的时代,前后的事情相类似的成分还比较多,执着过去的"陈方"或过去使用过的、一直认为是有效的"良方"去应对现实中遇到的问题,或许还会有效。但到了社会变迁较快,甚至情形发生剧变的时候,前后相类似的成分已经很少,如仍是"执陈方以医新病",那不仅无效,甚至还会酿成失误。中国近代西力东渐之时,国人所面临的是一个从古未有的新局面,但仍用历史上的"陈方"去应对,几乎是着着失败,原因就在于此①。这是一种历史的错用、滥用。

然而,黑格尔的话还提醒了我们:帝王君主并不能从历史中学得什么经验教训。这层意思,很容易被误解为历史中没有什么经验教训。其实,帝王君主不能从历史中学得什么经验教训,不等于所有的人都不能从历史中获得经验教训;不必把历史上的经验教训介绍给帝王君主,也不等于不必把历史上的经验教训介绍给一般民众。帝王君主之所以不能从历史中学得什么经验与教训,全在于他们的立场、地位决定了他们只想从历史中学得对他们有利、有用的,而不是无用、有害的经验教训。我们

---

① 吕思勉:《历史研究法》,载《史学与史籍七种》,上海古籍出版社,2020,第3页。

知道,所谓历史的经验教训,总是精华与糟粕并存的。有人视为糟粕的;有人却当作精华、宝物,而死命地加以保护;有人视为精华、宝物的;有人却不屑一顾,甚至唯恐避之不及。这如同我们居住的屋子,时间久了,就会堆积了许多垃圾、灰尘,清除垃圾,那是没有人会反对的。但社会上、历史上堆积下来的灰尘、垃圾,有人却视为宝物,死命加以保存,且反复揣摩效仿①。社会上的事情之所以这么复杂;历史的发展之所以一波三折,甚至是进一步退两步,原因就在于此。这就是帝王君主不能从历史中学得经验教训的真原因。

平心而论,传统时代那些写给帝王看的"史鉴"大多属于历史经验中的精华,如果历代帝王真能从中吸取哪怕只是百分之一,甚至千分之一,也不至于会一而再、再而三地重蹈历史的覆辙。这也说明,传统史学家寄希望于帝王君主通过"史鉴"来经世,注定是一条走不通的死路。相对于为帝王提供"资治"的狭义的经世,传统时代也有许多学者致力于广义的经世。同样是宋代学者,像关学一派的张载,在著书立说的同时,积极参与社会的实践,针对农村土地兼并严重的现状,他与弟子们一起购置土地,实验他的"井田"

---

① 吕思勉:《两年诗话》,载《吕思勉诗文丛稿(下)》,上海古籍出版社,2020,第792页。

理想;他又兴办书院,践行孔子的教学理念。另一位学者吕大防与他的兄弟,也用他们的所学,在乡里制定和推行"村规民约"(《吕氏乡约》)。这都是广义的读史用以经世。现代的史学家逐渐明白,传统的经世理念和淑世精神值得继承;而读史用以经世,也是历史研究的应有之义;但它的对象必须转向社会和一般民众。

其实,任何人都有可能会误用或错用了历史。即便端正了立场,选对了对象,读史用以经世,也须十分小心谨慎。史学家吕思勉就曾告诫"借历史以激励爱国家、爱民族之心,用之太过亦有弊"。他说:

> 借历史以激励爱国家、爱民族之心,亦确是一个很好的办法。然而天下事总有一个适当的限度,超过这限度,就不是真理,而是出于矫揉造作的了,其事就不免有弊。这在欧洲,十九世纪后半期各国的历史,都不免有此弊,而德国为尤甚。亚洲新兴的日本,此弊亦颇甚。……(其弊)一是把本族看得过高,如德、日两国,即犯此弊。二则把异族看得太低,如中国人总说蛮夷不知礼义,甚至比之于犬羊便是。这两者之弊,都由昧于事实的真相而起。①

---

① 吕思勉:《历史研究法》,载《史学与史籍七种》,上海古籍出版社,2020,第22页。

但凡"昧于事实的真相",其结果难免是误用、错用了历史。有学者说得好:"我们无时无刻不在使用历史,对所使用的历史本身进行考察,确保历史知识的正确与准确,适当地使用而不是滥用或错用历史,就关乎人类的精神健康与心智发育,这正是历史学家的职责。确保这一职责得以履行的,就是历史学家的美德。"[1]对于这份职责和美德,学史者也当铭记于心。

---

[1] 罗新:《有所不为的反叛者:批判、怀疑与想象力》,上海三联书店,2019,第2页。

后　记

　　历史学是一个很奇特的学科，如果用"什么是历史学"这样的问题去请教史学或历史教育工作者，甚至从事史学研究的专家学者，得到的答复一定是五花八门的。在学术史上，关于"史学是什么"的问题，有过长期的研讨和争论：有的说它是一门科学，有的说它是一门艺术；又有的说它是一门文学学科，不同于一般意义上的科学。与之相联系的一些问题，诸如历史学的目的是寻求普遍的历史规律（有的说这种规律不存在），还是如实地说明史事真相（有的说如实说明真相做不到），历史学的方法是演绎式的解释，还是移情式的体验（有的说既需要有演绎解释，也需要移情理解），也都有截然不同的看法。倘若你进入具体的史事、人物的研究，尤其是涉及历史意义、影响等评说，总是众说纷纭、莫衷一是。然而，这是历

史学的常态，历史学就是在种种质疑、争论中生存和发展的。只有明白了这一点，你才能真正读懂历史。然而，就我而言，要逐渐明白到这一点，已是"不惑之年"了！初学时走过的弯路、浪费的精力，着实不少。我常想：倘若能使青年学生在学史之初，就多少明白这里的问题，多少了解一些"什么是历史学"，那学习上就能收到事半功倍的效果，至少不会像我那样事倍而功半。这是历史教育上一个至关重要的问题。

作为"走进大学"丛书之一种，《什么是历史学？》的预设读者主要是高中的学生，预设的情境是当下的中学历史教学。近年来，随着"新课标"（下文简称课标）的颁布和施行，中学历史教学发生了很大的变化。课标以"唯物史观、时空观念、史料实证、历史解释、家国情怀"五大素质为中学历史的教学目标，这无疑给学生和教师带来了新的挑战。为了给当下的学生、老师提供一点参考，本书的编撰较多地参照了课标的要求，但又不是重复课标的内容，而是从历史学科和史学理论研究的角度来解读课标里的教学要求。比如，书中"史料详说"一章里的七个小节，几乎全是对照着课标"史料实证"的教学要求而"量身定做"的，是从史学研究的实践来检视课标所提出的要求。又如五大素养的"历史解释"，实质上就是演绎方法的学习与运用;而"唯物史观"的学习目标是"能够将唯物史观运用于历史的学习与探索中,并将唯物史观作为认识和解决现实问题的指导思想"。课标强调唯物史观是"指导思想",而不是现存的公式,这非常重要。但毋庸讳言的是,把"指导思想"视为"现存公式",在当下的历史教学中并不少见。做老师的总希望给学生讲授一些稳固的历史知识,做学生的总希望在历史书上找到一种确定性的、唯一性的,甚至能一劳永逸、永久不变的结论,于是,就用学数学、学化学那样的态度、方法去教学历史。读了本书"史学方法"里的几个小节,对于如何理解这类问题,应该会有所帮助。

与一般中学课程相比,历史学有一个明显的特点,便是它的研究对象并不是现实的存在。历史已经过去,它虽然是实实在在、曾经发生过的事情,但已经过去的史事不会自然地向我们呈现,如果我们不对它加以认识,它在哪里呢?而我们一旦能够把过去的史事说出来、写出来,那它就是我们认识的产物,它就是我们心目中的历史了。不明白这一点,就会把我们的历史认识等同于那个已经过去、存而不在的史实。人是有差异的,所以说出来、写出来的史事便有不同。或是史料有新发现,或是观念、方法有新的运用,或是现实生活中的实践主题起了新变化,

它们都会影响和改变人们原有的历史认识。有学者说："历史是由活着的人和为了活着的人而重建的死者的生活。"一代代现实生活中的人们，为着他们现实的生活而去重新认识历史，重新体会历史赋予他们的意义。这样，我们学习过的、记忆背诵过的历史知识，就常常会随着这些变化而发生变化。这就是本书"读史须知"一章所强调的：历史学习应该与时俱进、随时更新；而这种随时更新，又并非总是今胜于昔，它有时还会今不如昔。这是历史学习的常态，也是历史学习的特殊性。不能看透这一点，那对历史的学习，总还是未达一间。

写一本《什么是历史学？》，不参考、借用已有的史学界的研究成果，那是不可能的。所以，本书的性质只能是"编著"，而不是"著"。但"编著"也不是"捡进篮子便是菜"。材料要做一番挑选，案例要用得恰当而易懂；引用他人的研究成果，多是有价值而常为学界所忽视的。比如，归纳与演绎，本是一对相辅相成的研究方法，历史学习，不能只说归纳不说演绎，也不能只说演绎而不说归纳。尤其是过分强调演绎方法，就会带来"强史就我"的危险。对此，二十世纪八十年代初就有学者提出了这个问题，然史学界未有充分的讨论，也未引起足够的重视。我在书中引用有关的论述，目的就是希望读者对此有一定的警觉。书中有分析、论述,也有自己的判断,也融入了学习心得或研究体会。比如,假设问题。常听人说:"历史不可假设!"那是表达一种"往事不可追"的意思。"往事不可追"当然毫无疑问,但它不等于"未来"也不"可期"。每一个正常的人,但凡遇到不称心、不满意,甚至很遗憾、很后悔的事,总会做"假设"的思考。这是我们社会的常态,也是生存的本能。因为"往事不可追",而禁止人们"未来犹可期",那就是听天由命,那就是历史上的命定论。所以,学术界在讨论"假设"问题时,花不少精力去讨论"可能与不可能",实在是没有必要的。更有认为"严肃而认真"的历史研究不应该有假设,这就更是令人费解。难道我们的历史研究不是本于生活、源于生活?难道人们在日常生活所做的种种"假设"都是不严肃、不认真的儿戏?

本书的编撰,力求"浅而不陋"。何谓"浅而不陋",那是吕思勉先生的话。他曾自谓他编撰的通俗读物是"浅而不陋"。他说:书中"所论,都系极浅近之语,真所谓门径之门径,阶梯之阶梯。在方家看来,自然不值一笑,然而我以为指示初学的人,不患其浅,但患其陋耳,……我的立说虽浅,自信初学的人,或可具体应用。大抵浅而不陋之言,虽浅亦非略有工夫不能道。"(《怎样读中国历

史》,原刊一九三四年《出版周刊》第一〇二期)我想,这样的著述,即使方家学者读了,也不会毫无收获;而许多地方正可做进一步研究的起点。本书当然不能与吕先生的著述相提并论,但吕先生著述"浅而不陋"的特色,虽不能至,心向往之。

  本书从拟定提纲、编写初稿,到修改润色、规范格式,得到了于建辉、于泓、李宏艳三位编辑的指正和帮助,在此表示衷心的感谢!书稿完成之后,由江西师范大学张小忠副教授做了一遍校对,也在此一并致以谢意!

张耕华

2022 年 12 月 24 日

"走进大学"丛书书目

什么是地质？	殷长春	吉林大学地球探测科学与技术学院教授（作序）
	曾 勇	中国矿业大学资源与地球科学学院教授
		首届国家级普通高校教学名师
	刘志新	中国矿业大学资源与地球科学学院副院长、教授
什么是物理学？	孙 平	山东师范大学物理与电子科学学院教授
	李 健	山东师范大学物理与电子科学学院教授
什么是化学？	陶胜洋	大连理工大学化工学院副院长、教授
	王玉超	大连理工大学化工学院副教授
	张利静	大连理工大学化工学院副教授
什么是数学？	梁 进	同济大学数学科学学院教授
什么是大气科学？	黄建平	中国科学院院士
		国家杰出青年基金获得者
	刘玉芝	兰州大学大气科学学院教授
	张国龙	兰州大学西部生态安全协同创新中心工程师
什么是生物科学？	赵 帅	广西大学亚热带农业生物资源保护与利用国家重点实验室副研究员
	赵心清	上海交通大学微生物代谢国家重点实验室教授
	冯家勋	广西大学亚热带农业生物资源保护与利用国家重点实验室二级教授
什么是地理学？	段玉山	华东师范大学地理科学学院教授
	张佳琦	华东师范大学地理科学学院讲师
什么是机械？	邓宗全	中国工程院院士
		哈尔滨工业大学机电工程学院教授（作序）
	王德伦	大连理工大学机械工程学院教授
		全国机械原理教学研究会理事长
什么是材料？	赵 杰	大连理工大学材料科学与工程学院教授

什么是自动化?	王　伟	大连理工大学控制科学与工程学院教授
		国家杰出青年科学基金获得者(主审)
	王宏伟	大连理工大学控制科学与工程学院教授
	王　东	大连理工大学控制科学与工程学院教授
	夏　浩	大连理工大学控制科学与工程学院院长、教授
什么是计算机?	嵩　天	北京理工大学网络空间安全学院副院长、教授
什么是土木工程?		
	李宏男	大连理工大学土木工程学院教授
		国家杰出青年科学基金获得者
什么是水利?	张　弛	大连理工大学建设工程学部部长、教授
		国家杰出青年科学基金获得者
什么是化学工程?		
	贺高红	大连理工大学化工学院教授
		国家杰出青年科学基金获得者
	李祥村	大连理工大学化工学院副教授
什么是矿业?	万志军	中国矿业大学矿业工程学院副院长、教授
		入选教育部"新世纪优秀人才支持计划"
什么是纺织?	伏广伟	中国纺织工程学会理事长(作序)
	郑来久	大连工业大学纺织与材料工程学院二级教授
什么是轻工?	石　碧	中国工程院院士
		四川大学轻纺与食品学院教授(作序)
	平清伟	大连工业大学轻工与化学工程学院教授
什么是海洋工程?		
	柳淑学	大连理工大学水利工程学院研究员
		入选教育部"新世纪优秀人才支持计划"
	李金宣	大连理工大学水利工程学院副教授
什么是航空航天?		
	万志强	北京航空航天大学航空科学与工程学院副院长、教授
	杨　超	北京航空航天大学航空科学与工程学院教授
		入选教育部"新世纪优秀人才支持计划"
什么是生物医学工程?		
	万遂人	东南大学生物科学与医学工程学院教授
		中国生物医学工程学会副理事长(作序)
	邱天爽	大连理工大学生物医学工程学院教授
	刘　蓉	大连理工大学生物医学工程学院副教授
	齐莉萍	大连理工大学生物医学工程学院副教授

什么是食品科学与工程？		
	朱蓓薇	中国工程院院士
		大连工业大学食品学院教授
什么是建筑？	齐　康	中国科学院院士
		东南大学建筑研究所所长、教授（作序）
	唐　建	大连理工大学建筑与艺术学院院长、教授
什么是生物工程？	贾凌云	大连理工大学生物工程学院院长、教授
		入选教育部"新世纪优秀人才支持计划"
	袁文杰	大连理工大学生物工程学院副院长、副教授
什么是哲学？	林德宏	南京大学哲学系教授
		南京大学人文社会科学荣誉资深教授
	刘　鹏	南京大学哲学系副主任、副教授
什么是经济学？	原毅军	大连理工大学经济管理学院教授
什么是社会学？	张建明	中国人民大学党委原常务副书记、教授（作序）
	陈劲松	中国人民大学社会与人口学院教授
	仲婧然	中国人民大学社会与人口学院博士研究生
	陈含章	中国人民大学社会与人口学院硕士研究生
什么是民族学？	南文渊	大连民族大学东北少数民族研究院教授
什么是公安学？	靳高风	中国人民公安大学犯罪学学院院长、教授
	李姝音	中国人民公安大学犯罪学学院副教授
什么是法学？	陈柏峰	中南财经政法大学法学院院长、教授
		第九届"全国杰出青年法学家"
什么是教育学？	孙阳春	大连理工大学高等教育研究院教授
	林　杰	大连理工大学高等教育研究院副教授
什么是体育学？	于素梅	中国教育科学研究院体卫艺教育研究所副所长、研究员
	王昌友	怀化学院体育与健康学院副教授
什么是心理学？	李　焰	清华大学学生心理发展指导中心主任、教授（主审）
	于　晶	曾任辽宁师范大学教育学院教授
什么是中国语言文学？		
	赵小琪	广东培正学院人文学院特聘教授
		武汉大学文学院教授
	谭元亨	华南理工大学新闻与传播学院二级教授
什么是历史学？	张耕华	华东师范大学历史学系教授
什么是林学？	张凌云	北京林业大学林学院教授
	张新娜	北京林业大学林学院副教授

什么是动物医学?	陈启军	沈阳农业大学校长、教授
		国家杰出青年科学基金获得者
		"新世纪百千万人才工程"国家级人选
	高维凡	曾任沈阳农业大学动物科学与医学学院副教授
	吴长德	沈阳农业大学动物科学与医学学院教授
	姜 宁	沈阳农业大学动物科学与医学学院教授
什么是农学?	陈温福	中国工程院院士
		沈阳农业大学农学院教授(主审)
	于海秋	沈阳农业大学农学院院长、教授
	周宇飞	沈阳农业大学农学院副教授
	徐正进	沈阳农业大学农学院教授
什么是医学?	任守双	哈尔滨医科大学马克思主义学院教授
什么是中医学?	贾春华	北京中医药大学中医学院教授
	李 湛	北京中医药大学岐黄国医班(九年制)博士研究生
什么是公共卫生与预防医学?		
	刘剑君	中国疾病预防控制中心副主任、研究生院执行院长
	刘 珏	北京大学公共卫生学院研究员
	么鸿雁	中国疾病预防控制中心研究员
	张 晖	全国科学技术名词审定委员会事务中心副主任
什么是药学?	尤启冬	中国药科大学药学院教授
	郭小可	中国药科大学药学院副教授
什么是护理学?	姜安丽	海军军医大学护理学院教授
	周兰姝	海军军医大学护理学院教授
	刘 霖	海军军医大学护理学院副教授
什么是管理学?	齐丽云	大连理工大学经济管理学院副教授
	汪克夷	大连理工大学经济管理学院教授
什么是图书情报与档案管理?		
	李 刚	南京大学信息管理学院教授
什么是电子商务?	李 琪	西安交通大学经济与金融学院二级教授
	彭丽芳	厦门大学管理学院教授
什么是工业工程?	郑 力	清华大学副校长、教授(作序)
	周德群	南京航空航天大学经济与管理学院院长、二级教授
	欧阳林寒	南京航空航天大学经济与管理学院研究员
什么是艺术学?	梁 玖	北京师范大学艺术与传媒学院教授
什么是戏剧与影视学?		
	梁振华	北京师范大学文学院教授、影视编剧、制片人
什么是设计学?	李砚祖	清华大学美术学院教授
	朱怡芳	中国艺术研究院副研究员